Über dieses Buch

Immer mehr Menschen – etwa 40 Prozent der Bevölkerung allein in der Bundesrepublik – leiden unter Magen-Darm-Störungen, die sich als Bauchschmerzen, Sodbrennen, Übelkeit, Erbrechen, Blähungen, Durchfall, Verstopfung oder andere Beschwerden äußern. Während sich Unpäßlichkeiten des Magens schnell bemerkbar machen, werden Störungen der Darmfunktion häufig erst wahrgenommen, wenn sie sich in Folgekrankheiten äußern.

Nur über das gesunde Magen-Darm-System kann die notwendige Entgiftung unseres Körpers stattfinden, nur ein gesunder Darm kann der für uns lebenswichtigen Aufgabe im Abwehrsystem unseres Körpers gerecht werden. Störungen im Magen-Darm-Bereich also müssen gründlich ausgeheilt werden – und das ist möglich mit Hilfe von Naturheilverfahren und natürlichen Heilmitteln.

In diesem GU Gesundheits-Ratgeber sind Ursachen, Beschwerdebilder und Folgekrankheiten von Magen-Darm-Störungen erläutert, die natürliche Behandlung mit Heilpflanzentees, Homöopathika, Wickeln, mit Bewegungsübungen und Entspannungsmethoden, mit Fasten, Darmreinigung, Spezialdiäten und der richtigen Ernährung ist beschrieben. Neben diesen natürlichen Anwendungen, bei denen die Mitarbeit des Patienten für den Heilerfolg entscheidend ist, werden auch wirkungsvolle naturgemäße Behandlungsmethoden vorgestellt, die der Arzt durchführt.

Ausführliche Erläuterungen, klare Anleitungen und viele Empfehlungen für den Alltag helfen dem Leser, bei der Behandlung seiner Beschwerden gezielt vorzugehen und – bei geduldiger Anwendung der natürlichen Maßnahmen – selbst aktiv zu seiner Gesundung beizutragen.

Dr. med. Amrei Pfeiffer

Jahrgang 1938. Studium der Medizin in München. Ärztin für Naturheilverfahren; Ausbildung in Diagnostik und Therapie nach Dr. F. X. Mayr (einer Methode zur Regeneration und Gesundung des Verdauungstrakts) sowie in Gestalttherapie und Bioenergetik. Mehrere Jahre klinische Arbeit mit Krebskranken. Seit 1979 eigene Praxis und stationäre Behandlung von Fastenpatienten.

Dr. med. Amrei Pfeiffer

Magen-Darm Beschwerden natürlich behandeln

So helfen bewährte Naturheilverfahren und Naturheilmittel bei Bauchschmerzen, Übelkeit, Erbrechen, Blähungen, Durchfall, Verstopfung und anderen Störungen.
Mit wirkungsvollen Anwendungen für die Behandlung zu Hause.

GU
Gräfe und Unzer

Wichtiger Hinweis
Die von den Autoren der Reihe »Naturgemäß heilen« vertretenen Auffassungen weichen teilweise von der allgemein anerkannten medizinischen Wissenschaft ab. Jeder Leser ist aufgefordert, in eigener Verantwortung zu entscheiden, ob und inwieweit die in diesem Buch vorgestellten Naturheilverfahren und Naturheilmittel für ihn eine Alternative zur »Schulmedizin« darstellen.

Wann brauchen Sie einen Arzt? In diesem Kapitel ist erklärt, wann Sie in eigener Verantwortung handeln können und wann ein Arzt zu Rate gezogen werden muß (→ Seite 9). Auch im Zusammenhang mit der Erläuterung von Krankheitsbildern ist jeweils auf die Notwendigkeit ärztlicher Behandlung hingewiesen. Bitte halten Sie sich an diese Ausführungen.

Zu Beginn und während einer Fastenkur ist es notwendig, alle Ausscheidungsvorgänge anzuregen, damit es nicht zur Selbstvergiftung des Körpers kommt. Bitte halten Sie sich genau an die Anleitungen (Seite 62 bis 65).

Für Nicola, Andreas, Johanna, Cornelius

CIP-Kurztitelaufnahme der Deutschen Bibliothek

Pfeiffer, Amrei:
Magen-Darm-Beschwerden natürlich behandeln : so helfen bewährte Naturheilverfahren u. Naturheilmittel bei Bauchschmerzen, Übelkeit, Erbrechen, Blähungen, Durchfall, Verstopfung u. a. Störungen ; mit wirkungsvollen Anwendungen für d. Behandlung zu Hause / Amrei Pfeiffer. – München : Gräfe und Unzer, 1987.
(Naturgemäß heilen)
ISBN 3-7742-4240-2

Redaktionsleitung: Doris Schimmelpfennig-Funke
Lektorat: Elisabeth Blay
Herstellung: Johannes Schmidt-Thomé
Einbandgestaltung: Heinz Kraxenberger
Gesamtherstellung: Ludwig Auer GmbH

ISBN 3-7742-4240-2

Inhalt

Einführung und Anleitung

Wodurch werden Magen-Darm-Beschwerden hervorgerufen?

Der Darm ist die Wurzel der Pflanze Mensch.

F. X. Mayr

Die häufigsten Ursachen

Magen-Darm-Beschwerden sind heute ein sehr weit verbreitetes Übel. Sie äußern sich ganz verschiedenartig: als Schmerzen im Bereich des Magens, als krampfartige Beschwerden im Bauch, in Form von Blähungen, Übelkeit und Brechreiz oder auch als Durchfall oder Verstopfung. Seelische Belastungen, falsche Eßgewohnheiten und unsere Zivilisationskost mit denaturierten Nahrungsmitteln sind die häufigsten Ursachen. Akute Störungen wie Infektionen spielen nur am Rande eine Rolle.

Während Unpäßlichkeiten des Magens uns schnell und spürbar irritieren können, werden Störungen im Darm oft gar nicht wahrgenommen. Sie finden häufig erst Ausdruck in Folgekrankheiten wie Hautausschlägen oder Gelenkerkrankungen, die aber meist gar nicht mit dem Darm in Zusammenhang gebracht werden. Was wir im Darm-Bereich spüren, nehmen wir oft nicht ernst, wir glauben, das sei normal und gehöre sozusagen dazu.

Das Übel an der Wurzel packen – Behandlung mit bewährten Naturheilverfahren

Der Darm ist unsere Wurzel, mit deren Hilfe wir uns ernähren. Es ist der Ort, an dem wichtige Ausscheidungs- und Entgiftungsvorgänge stattfinden, der Ort, an dem auch ein Großteil unseres körpereigenen Abwehrsystems lokalisiert ist.

Ein Baum, dessen Wurzel krank ist, kann nicht gedeihen. Die Blätter werden gelb, die Blüten spärlich, Ungeziefer setzt ihm zu. Der Versuch, diesen Baum durch Spritzungen an Stamm und Krone oder mit Dünger sanieren zu wollen, bliebe ohne Erfolg. Das Übel muß im wörtlichen Sinn »an der Wurzel gepackt werden«.

Wenn wir Magen-Darm-Krankheiten behandeln, arbeiten wir an unserer Wurzel. Dies in naturheilkundlicher Weise zu tun, ist deshalb sinnvoll, weil wir in diesem Bereich unseres Körpers in ganz besonders enger

Weise mit dem Organischen verbunden sind. Denken Sie an das, was wir essen, denken Sie an die in unserem Darm lebenden Bakterien, die jenen im Erdboden sehr ähnlich sind.

Ganzheitliche Behandlung

Naturheilkundliche Behandlung meint den ganzen Menschen. So können bei Magen-Darm-Krankheiten nicht nur Medikamente, Tees oder Maßnahmen helfen, die vom Arzt durchgeführt werden, wesentlich für den Heilerfolg ist vielmehr die Mitarbeit des Patienten als Person; er muß unter Umständen bereit sein, einiges bei sich zu ändern.

Wie störbar die Abläufe im Magen-Darm-System auch vom Seelischen her sind, zeigen die im Volksmund gebräuchlichen Redensarten wie »Da muß ich aber schlucken«, »Das liegt mir schwer im Magen«, »Etwas in sich hineinfressen« und viele andere mehr. Diese Aussagen kann ich durchaus wörtlich nehmen, ich kann prüfen, ob sie und wie sie meine Weise zu leben ins Bild bringen; es gilt, die Wurzeln im seelischen Bereich zu entdecken.

Die Arbeit an der Wurzel ist der eines Gärtners vergleichbar: Er braucht Geduld, Ausdauer sowie Kenntnis der rhythmisch verlaufenden Wachstumsvorgänge und dessen, was eine Pflanze für ihr Gedeihen nötig hat.

Die in diesem Buch aufgeführten Behandlungsvorschläge können also letztlich nur in geduldiger Übung, in gewissenhafter Anwendung zum Tragen kommen. Es gibt zwar Maßnahmen, die sofort helfen können; das sind Tees, Medikamente oder Wickel; jene aber, die eine wirkliche Heilung in Gang setzen, sollten langfristig täglich geübt werden, beispielsweise bewußtes Essen oder Bewegung.

Als jemand, der in Diagnostik und Therapie nach Dr. F. X. Mayr ausgebildet ist, schlage ich Ihnen auch die von ihm entwickelten Darmreinigungskuren vor, die neben dem Fasten das Beste sind, was Sie für Ihren Magen-Darm-Trakt und ganz allgemein für Ihre Gesundheit tun können.

Wann brauchen Sie einen Arzt?

Verantwortung für sich selbst übernehmen

In diesem Ratgeber, der ja bei der Behandlung zu Hause helfen soll, ist es nicht ganz einfach, manchmal gar unmöglich, die Grenze zu finden zwischen dem Bereich, in dem Sie selbst die Behandlung und damit die Verantwortung übernehmen, und jenem, in dem es notwendig ist, einen Arzt zuzuziehen. Diese Grenze zu finden, erfordert auch Ihre Entscheidung: Der eine traut sich mehr zu, der andere weniger; der eine kennt sich und seine Reaktionsweisen, der andere ist eher ängstlich und auf ärztlichen Rat angewiesen.

Ich habe versucht, bei der Beschreibung der Beschwerden jeweils deutlich darauf hinzuweisen, wann ein Arzt gebraucht wird. Mit den Anwendungen, die Sie dann selbst durchführen, können Sie die Therapie des Arztes sinnvoll unterstützen.

Bitte beachten Sie auch die folgenden Hinweise: Sie sollten einen Arzt zuziehen,

- wenn die Beschwerden plötzlich und ungewohnt heftig auftreten,
- wenn die Beschwerden zunehmend schlimmer werden,
- wenn trotz eigener Bemühungen keine Besserung eintritt,

- wenn Sie bemerken, daß Ihre Beschwerden chronisch werden,
- wenn Sie sich sehr unsicher fühlen und sich keinen Rat wissen.

Dem Körper helfen

Es gibt Vorgänge, die wie Krankheiten aussehen, jedoch für die Gesundung unseres Körpers sinnvoll sind. Deshalb sollte man sie unterstützen und nicht unterdrücken. Es geht darum, mit der Natur zu gehen und nicht gegen sie zu arbeiten. Wenn Sie zum Beispiel einen Brechdurchfall bekommen, weil Sie etwas Falsches gegessen haben, sollten Sie Durchfall und Erbrechen fördern, um Ihrem Körper dabei zu helfen, die Giftstoffe wieder loszuwerden.

Es gibt auch Krankheiten, die Ihre eigene Beteiligung an der Entstehung sehr deutlich machen. Sie haben zum Beispiel ein Magengeschwür, weil Sie zu hastig essen, zu viel oder durcheinander essen und dazu noch rauchen.

Nicht immer sind die Zusammenhänge so offensichtlich. In diesem Fall sollte das Geschwür Sie aber veranlassen, sich zu einer Änderung Ihrer Eßgewohnheiten und zum Verzicht auf das Rauchen zu entschließen. Hier nützen letztlich keine Arzneien, Sie können sich Gesundheit nicht in der Apotheke kaufen.

Für den Körper sorgen

Dies wirft die Frage nach der Verantwortung auf, die wir für unseren Körper haben, und danach, ob wir sie annehmen wollen. Benutzen wir unseren Körper nur oder sorgen wir auch für ihn? Hören wir auf seine Signale oder ignorieren wir sie lieber? Wenn unser Körper nur möglichst gut funktionieren soll, ist jede Krankheit ein Störfall, der schleunigst behoben werden muß. Der Arzt hat dann die Pflicht, die Reparatur zu übernehmen. Dafür wird er ja schließlich bezahlt. Der Patient hat das Recht auf Heilung. Er hat alle Verantwortung an den Arzt delegiert.

Aber – *wir haben nicht nur eine Krankheit, sondern wir sind krank!* Unsere Krankheit kann deshalb Anlaß sein, uns damit zu befassen, was sie für uns bedeutet. Nach meiner Erfahrung stehen Krankheiten für Fragen, die wir uns selbst noch nicht beantwortet haben:

- Wo stehe ich?
- Wie lebe ich?
- Was möchte ich nicht anschauen?
- Was gilt es zu ändern?

Nehmen Sie sich bitte Zeit, diesen Fragen nachzugehen. Gerade, wenn Sie im Bereich des Magen-Darm-Systems erkrankt sind, werden Sie sicher einige Antworten finden.

So sollten Sie dieses Buch benutzen

Damit Sie sich schnell zurechtfinden, vorab ein kleiner Wegweiser durch das Buch:

Zusammenhänge erkennen lernen

Unser Verdauungssystem (Seite 12 bis 19): Das reibungslose Zusammenwirken aller zum Verdauungssystem gehörenden Organe ist entscheidend für unsere Gesundheit. Welche Bedeutung Magen-Darm-Beschwerden für unser Befinden haben, wodurch sie im einzelnen verursacht werden und wie Folgekrankheiten sich entwickeln, kann ich Ihnen nur nahebringen, indem ich Ihnen zunächst Aufbau und Funktion des Magen-Darm-Systems erläutere. Auch die Notwendigkeit der naturgemäßen Behandlung ist nur zu verstehen, wenn Sie die körperlichen Zusammenhänge und die Bedeutung seelischen Erlebens genau kennen.

Symptome, Krankheiten

Magen-Darm-Beschwerden und ihre naturgemäße Behandlung (Seite 20 bis 53): Zunächst über Symptome, danach über Ausprägung der Erkrankungen im Magen-Darm-Bereich können Sie sich anschließend informieren. Sie erfahren, wodurch die Beschwerden ausgelöst werden, mit welchen naturgemäßen Anwendungen Sie sich selbst helfen können, wann Sie ärztliche Hilfe brauchen, welche Naturheilverfahren der Arzt einsetzt und wie Sie die ärztliche Therapie unterstützen können. Seitenquerverweise führen Sie zu den einzelnen Anwendungen.

Hilfen für die Behandlung

Aktive naturgemäße Behandlungsmethoden und Heilmittel (Seite 54 bis 91): In diesem Kapitel sind alle empfohlenen Anwendungen zur Behandlung von Magen-Darm-Beschwerden genau erläutert; hier können Sie nachlesen, warum und wie die einzelnen Naturheilverfahren wirken. Genaue Anleitungen helfen Ihnen, die für jedes Beschwerdebild angegebenen Maßnahmen auf die richtige Weise durchzuführen. Denn nur, wenn natürliche Heilmittel richtig angewendet werden, wirken sie optimal. Es war mir wichtig, zum Abschluß dieses Kapitels hinzuweisen auf Lebensvorgänge und Lebensrhythmen, denen wir alle jeden Tag aufs neue unterworfen sind, die wir aber allzu oft nicht wahrhaben wollen, vielleicht nicht wahrnehmen können (→ Seite 90 und 91). Bitte nehmen Sie sich die Zeit, über diese einfachen Dinge einmal in Ruhe nachzudenken – denn »letztlich tragen wir den Ratgeber in uns selbst«.

Zum Nachschlagen (Seite 92 bis 95): Mit Hilfe des *Beschwerden- und Sachregisters* finden Sie schnell zu Störungen, Krankheitsbildern, Anwendungen und wichtigen Erläuterungen. Weiter informieren können Sie sich anhand der *Bücher, die weiterhelfen.*

Unser Verdauungssystem

Das Verdauungssystem hat die Aufgabe, unsere Nahrung, also körperfremde Substanz, aufzunehmen, sie in körpereigene Substanz umzuwandeln oder auszuscheiden. Dabei spielen sich Umwandlungsprozesse ab, die nur in einem feinst aufeinander eingespielten Zusammenwirken vielfältiger Vorgänge gelingen können. Normalerweise machen wir uns wenig Gedanken darüber, wenn wir Nahrung zu uns nehmen. Nahrung kann aber zum Gift werden, wenn die Eigenschaften, die sie außerhalb unseres Körpers besitzt, nicht umgewandelt, sondern unverändert in unseren Körper hineingetragen werden. So ist Nahrung, die nicht richtig verdaut wird, letztlich giftig. Oder anders ausgedrückt: *Nur Nahrung, die richtig verdaut ist, kann uns ernähren!*

Energie aus Nahrung

Stoffwechsel, Stoffaustausch, Verdauungsdrüsen: Aus der Nahrung, die uns ernährt, gewinnen wir Energie. Diesen Umwandlungsprozeß nennt man Stoffwechsel, also Wechsel des Stoffes.

Der Stoffaustausch von außen nach innen und von innen nach außen findet über die Schleimhaut statt, von der unser ganzes Magen-Darm-System ausgekleidet ist. Diese für eine Schleimhaut typischen Vorgänge beginnen bereits im Mund, denn schon hier wird der erste Verdauungssaft in Form des Speichels ausgeschieden, und die ersten Substanzen werden durch die Schleimhaut aufgenommen.

Generell stammen die zur Aufschließung der Nahrung erforderlichen Verdauungssäfte aus Drüsen, die in sehr großer Zahl in der Darmschleimhaut liegen und selbst immer auch Schleim zum Schutz der Schleimhaut produzieren. Daneben gibt es die großen Verdauungsdrüsen, die mit ihren Ausführungsgängen in das Magen-Darm-System münden und so ihre Säfte an den Speisebrei herantragen. Zu ihnen gehören die Ohrspeicheldrüse, die Unterzungendrüse und die Unterkieferdrüse, die ihren Verdauungssaft in den Mund abgeben; ferner die Bauchspeicheldrüse (Pankreas) im linken Oberbauch, die in den Zwölffingerdarm (Duodenum) mündet, und die Leber, in der die Galle gebildet wird. Die Galle sammelt sich in der an der Leber hängenden Gallenblase und entleert sich nach Bedarf über den Gallengang ebenfalls in den Zwölffingerdarm (→ Seite 15).

Durch die Fermente der Verdauungssäfte wird die Nahrung so zerlegt, daß sie von der Schleimhaut und nachfolgend von Blut und Lymphe aufgenommen werden kann. Die Pfortader (aus dem Lateinischen: *porta* = Tür) leitet das mit Eiweiß-, Kohlenhydrat- und Fettbausteinen beladene Blut aus dem Dünndarm zur weiteren Verarbeitung in die Leber.

Die Blutgefäße des Enddarms münden nicht nur in die Pfortader, sie haben auch Verbindung zu den Venen des Kreislaufs. Das ist der Grund, weshalb Medikamente in Zäpfchenform über die Schleimhaut des Enddarms wirken. Die Lymphflüssigkeit aus dem Darm wird in einem großen Lymphgefäß, dem Milchbrustgang, gesammelt.

Eine Reaktion löst die nächste aus

Die Peristaltik: Ein den Magen-Darm-Trakt begleitendes Muskelsystem sorgt für die Weiterbeförderung und Durchmischung des Speisebreis. Diese Muskelbewegungen insgesamt nennt man Peristaltik.

Da die Muskeln sowohl auf die Menge als auch auf die chemische Zusammensetzung des Speisebreis reagieren, öffnet sich der Magenpförtner (ein kräftiger Ringmuskel am Magenausgang) erst, wenn die Speise im Zwölffingerdarm verdaut, weitertransportiert und somit Platz für Nachschub geschaffen ist. Dabei muß die aus dem Magen stammende Säure durch den basischen Verdauungssaft aus der Bauchspeicheldrüse neutralisiert worden sein. *Nicht richtig verdaute Nahrung wird also nicht zeitgerecht weiterbefördert und behindert dadurch die Funktion des ganzen Verdauungssystems.*

Dies ist ein Beispiel für einen Regelkreis, in dem jedes Glied die Funktion des nächstfolgenden Gliedes bedingt. Eine Störung an einem der Glieder des Regelkreises trifft diesen in seiner Gesamtheit.

Der Weg der Nahrung durch das Magen-Darm-System:

- Die aufgenommene Nahrung wird im Mund zerkleinert und mit dem Speichel vermischt.
- Der Nahrungsbrei wird geschluckt und sowohl im Magen als auch im Darm von den Verdauungssäften durchsetzt.
- Der Darminhalt kommt mit den Darmwänden in Berührung, damit die durch die Verdauungssäfte aufgeschlossenen Nahrungsbestandteile von den Darmzotten aufgenommen werden können.
- Der Darminhalt wird weitertransportiert, im Enddarm gespeichert, es wird ihm Wasser entzogen, und er muß rechtzeitig ausgestoßen werden.

Der Darm – »Wiege« des Abwehrsystems

Unser Verdauungssystem ist auffallend reich an Lymphgewebe, das in der Tiefe des die Schleimhaut begleitenden Bindegewebes liegt und die Vorgänge im Darm „kontrolliert“ (→ Seite 14). Die Lymphorgane halten nämlich schädliche Bakterien zurück und haben eine wichtige Funktion in der Programmierung unseres Abwehrsystems (auch Immunsystem genannt*). Alles, was sie aus dem Darm „sammeln“, leiten sie über feinste Gefäße zu den zahlreich vorhandenen Lymphknoten, die den ganzen Bauchraum „bevölkern“.

Nerven-Funktionen im Magen-Darm-Trakt: Der Magen-Darm-Trakt wird vom vegetativen (oder autonomen) Nervensystem gesteuert, das die Grundlebensfunktionen wie Atmung oder Stoffwechsel regelt. Es kann nur bis zu einem gewissen Grad von unserem Bewußtsein beeinflußt werden und hat seinen Ursprung in älteren Teilen unseres Gehirns und Rückenmarks.

Zwei Gegenspieler sind am vegetativen Nervensystem (→ Seite 17) beteiligt:

---

* immun, aus dem Lateinischen: *immunis* = frei, unberührt, rein; für Krankheiten unempfänglich, gegen Ansteckung gefeit.

Steuerung der Verdauungsvorgänge

Der *Parasympathikus* fördert den Aufbau und die Regeneration des Körpers und regt im Magen-Darm-Bereich die Verdauungsvorgänge an. Er hat seinen Ursprung im Rückenmark und ist im oberen Bauchbereich vor allem durch den Nervus vagus vertreten.

Der *Sympathikus* ist für das Handelnkönnen in der Außenwelt zuständig, er regt den Kreislauf an und bewirkt die Ausschüttung des Hormons Adrenalin. Konsequenterweise hemmt er die Verdauungsfunktionen. Er bildet Nervengeflechte, als bekanntestes das Sonnengeflecht, das vor der Wirbelsäule etwa zwischen Brustbein und Bauchnabel liegt.

Die Darmflora

Der Kontakt mit Bakterien ist ein wichtiger Vorgang in der Anpassung des Neugeborenen an die Welt außerhalb der Gebärmutter. Bakterien sind überall, sie besiedeln unsere Haut und unsere Schleimhäute. Mit dem Augenblick unserer Geburt beginnt die lebenslange Auseinandersetzung, zugleich aber auch die Lebensgemeinschaft (Symbiose) mit diesen Keimen.

Bakterien sind lebenswichtig

Während der natürlichen Geburt nimmt das Neugeborene die Bakterien aus dem mütterlichen Geburtsweg auf, als Säugling mit der Muttermilch. Magen und Zwölffingerdarm bleiben dabei weitgehend keimfrei, ebenso der obere Teil des Dünndarms (Jejunum). Erst der untere Teil des Dünndarms (Ileum) wird von Bakterien besiedelt, die zahlenmäßig von oben nach unten, bis zum Ende des Dickdarms enorm zunehmen.

Eine intakte Bakterienflora im Darm ist für unsere Gesundheit unentbehrlich. Entscheidend für eine gesunde Flora sind säurebildende Keime. Sie bilden eine Barriere gegen nach oben aufsteigende Fäulniserreger und hemmen das Wachstum anderer schädlicher Bakterien. Neben dieser Schutzfunktion besitzen einige der Darmbakterien die Fähigkeit, einen Teil der Zellulose (Bestandteile pflanzlicher Nahrung), die von den Verdauungssäften nicht aufgeschlossen werden kann, anzugreifen und sie der Verdauung zugänglich zu machen. Andere Keime liefern Vitamine aus der Vitamin-B-Reihe und das für die Blutgerinnung zuständige Vitamin K.

Das körpereigene Abwehrsystem

Schutz vor Krankheiten

Die Darmbakterien haben auch einen deutlichen Einfluß auf die Peristaltik, die sie mit ihren Stoffwechselprodukten anregen. Darüber hinaus sind Darmbakterien unentbehrlich für den Aufbau unseres körpereigenen Abwehrsystems, der im wesentlichen in den ersten sechs Wochen unseres Lebens stattfindet.

Die in den Darm aufgenommenen Bakterien bleiben nicht nur an der Oberfläche der Schleimhaut, sie dringen auch in ihre tieferen Schichten ein und fordern dadurch die Auseinandersetzung mit den Körperzellen heraus. Dies geschieht in den unter der Schleimhaut des Darmes – nämlich im Bindegewebe – sehr zahlreich vorhandenen Lymphgeweben. Dort halten sich die Lymphozyten (die Erkennungs- und Gedächtniszellen unter den weißen Blutkörperchen) auf, die aus der Thymusdrüse und aus dem Knochenmark stammen. Sie werden nun im Kontakt mit den Bakterien programmiert und sind deshalb in der Lage, einen regelrechten Abwehrwall gegen weiter eindringende Bakterien aufzurichten.

Schutz durch reibungsloses Zusammenspiel

Die im Darm ablaufenden Abwehrvorgänge werden auch dem übrigen Lymphsystem des Körpers mitgeteilt. Das bleibt das ganze Leben so. Alle Schleimhäute in unserem Körper sind von Lymph- und Bindegewebe begleitet. Sie bilden eine funktionelle Einheit: die Schleimhäute des Nasen-Rachen-Raumes, der Nebenhöhlen, der Bronchien, aber auch diejenigen des Blasen-, Nieren- und des Genitalsystems. *Nur eine gesunde Darmflora, die Abwehrvorgänge in Gang hält, garantiert, daß unser Abwehrsystem funktionstüchtig bleibt.*

Das Milieu, das die Bakterien zum Leben brauchen, ist abhängig von Art und Menge der Verdauungssäfte, die von der Ernährung beeinflußt werden. Vor allem die Galle spielt eine wichtige Rolle für die Bakterienflora. Diese Symbiose kann gestört werden durch die Einnahme von Antibiotika* und Abführmitteln, durch Entzündungen im Magen-Darm-Bereich und generell durch Schädigungen, die den Ablauf einer geregelten Verdauung behindern oder unmöglich machen.

Die Leber und ihre Bedeutung für das Magen-Darm-System

Die Leber, die größte Drüse des menschlichen Organismus, ist von großer Bedeutung für einen geordneten Verdauungsablauf. Umgekehrt hat auch das Magen-Darm-System wesentlichen Einfluß auf die Leberfunktionen – eines ist ohne das andere nicht denkbar.

Die Aufgaben der Leber

Die Leber liegt in der Bauchhöhle, rechts unter dem Zwerchfell, und ist durch eine Furche in einen größeren rechten und einen kleineren linken Leberlappen geteilt. In der Leber wird die Gallenflüssigkeit gebildet, ein Vorgang, der sich Tag und Nacht abspielt. Veränderungen der Blutzirkulation und vegetativer Funktionen (→ Seite 18) bewirken, daß der Gallefluß erheblichen Schwankungen unterworfen ist. Die Gallenflüssigkeit wird in der Gallenblase, die am Unterrand der Leber hängt, gesammelt und nach Bedarf in den Darm abgegeben.

Galle als Hilfe bei der Verdauung

Die Galle ist eine basische Flüssigkeit, die dazu beiträgt, den aus dem Magen kommenden sauren Speisebrei zu neutralisieren; außerdem wirkt sie im Darm desinfizierend und fäulnishemmend. Sie ist auch in der Lage, einen Teil der bei der Verdauung entstehenden giftigen Substanzen an sich zu binden und über den Blutkreislauf der Leber wieder zuzuführen. Daß sie auch die Peristaltik anregt, wurde schon erwähnt.

---

* Antibiotika sind aus Stoffwechselprodukten von Mikroorganismen oder synthetisch (künstlich) hergestellte Wirkstoffe, die andere Mikroorganismen in ihrem Wachstum hemmen oder sie abtöten.

In äußerst komplizierten Vorgängen baut die Leber Substanzen auf, die gespeichert, und solche, die sofort zur Erzeugung von Energie eingesetzt werden können. Über den Blutkreislauf gelangen diese energiereichen Verbindungen überall dorthin, wo sie in Organen und zur Zellerneuerung gebraucht werden. Darüber hinaus ist die Leber das Organ, in dem wichtige Hormone, Fermente und Substanzen für die Blutgerinnung gebildet werden.

Entgiftung der Körpers

Nicht zuletzt ist die Leber das Entgiftungsorgan unseres Körpers schlechthin. Alle giftigen Substanzen, die in unseren Körper gelangen, nehmen ihren Weg über die Leberzellen: schädliche Abbauprodukte aus dem Darm, Alkohol, schädliche Arzneisubstanzen, Konservierungsmittel, Insekten- und Unkrautvertilgungsmittel, Autoabgase und Blei sowie alle sonstigen Gifte aus unserer hochbelasteten Umwelt. Wie im Magen-Darm-Bereich sind auch die Funktionen der Leber sehr stark von Störungen im Vegetativum* abhängig. Alles, was unser Verdauungssystem »kränkt«, muß demzufolge auch die Leber »treffen«.

Bei Beachtung dieser Zusammenhänge ist es einleuchtend, daß eine Therapie des Magen-Darm-Systems immer auch eine solche der Leber einschließen muß oder eine Besserung im Verdauungstrakt stets auch eine Besserung des Funktionsbereiches Leber – Galle mit sich bringt.

Verdauungssystem und Atmung

Unser Bauchraum ist von einer zarten, feuchtglänzenden Haut ausgekleidet, dem Bauchfell (Peritoneum). Es ermöglicht ein reibungsloses Gegeneinandergleiten der Bauchorgane, die ebenfalls von dieser Gleitschicht überzogen sind.

»Massage« für die Bauchorgane

Nach oben, gegen den Brustraum, wird die Bauchhöhle kuppelartig vom Zwerchfell begrenzt, einer dünnen, sehr elastischen Muskelplatte, die sich beim Atmen mitbewegt. Beim Einatmen, wenn sich die Lunge mit Luft füllt, wird das Zwerchfell in Richtung Bauchraum gedehnt. Beim Ausatmen wird es vom elastischen Lungenzug nach oben mitgenommen, denn die Lunge wird dabei im Volumen kleiner.

Diese mit dem Atmen verbundenen Zwerchfellbewegungen haben folgende Auswirkungen auf den Bauchraum:

- Die Peristaltik wird angeregt.
- Es entstehen Druckschwankungen, die den Blutzustrom und den Blut- und Lymphabstrom fördern. Dadurch wird auch
- der Abfluß der Verdauungssäfte aus Bauchspeicheldrüse, Gallenblase und den in der Darmwand befindlichen Drüsen verbessert.
- Die Sauerstoffversorgung der Bauchorgane wird erhöht.

Störungen im Darmbereich verhindern demzufolge eine tiefere Atmung. Ein überfüllter Magen, ein geblähter Bauch, schlaffe Därme und eine ausgeleierte Bauchdecke sind zusätzliche mechanische Hindernisse, die die Atmung beeinträchtigen; es entsteht ein Teufelskreis.

---

* Vegetativum, aus dem Lateinischen: *vegetare* = beleben.

Wenn die Bewegungen des Zwerchfells zum Bauch hin behindert sind, versucht die Lunge, sich auf andere Weise Platz zu schaffen: Die normalerweise nur wenig gebrauchte Hilfsmuskulatur zwischen den Rippen wird vermehrt in Gang gesetzt, dabei fixiert sich der Brustkorb häufig in dieser aufgeblasenen Stellung; das Brustbein wölbt sich nach vorne, die Rippen verharren in einer Fehlstellung.

Der gesunde Bauch

Während meines Medizinstudiums habe ich gelernt, Blinddarmentzündungen und andere bedrohliche Zustände am Bauch festzustellen. Es war aber nie die Rede davon, wie ein gesunder Bauch aussieht oder wie er sich anfühlt. Auch war mir unbekannt, daß Hängebäuche, Spitzbäuche und »Trommelbäuche« nicht Varianten gesunder Bäuche, sondern Zeichen ausgeprägter Verdauungsschäden sind.

Aussehen

Wie muß ein gesunder Bauch aussehen, wie muß er sich anfühlen?

Beim aufrecht stehenden erwachsenen Menschen hat der Bauch ein deutliches Relief. Um den Nabel herum zeigt sich eine Vorwölbung, die mit einer Hand umfaßt werden kann. Dies ist die Kontur des Dünndarms. Er ist am »Gekröse« an der hinteren Bauchwand befestigt und hält diese Lage dank seiner Muskeln und elastischen Fasern im wesentlichen ein. Da sich im Bauchraum keine Luft befindet, schmiegen sich die Bauchdecken eng an die unter ihnen liegenden Organe. So sieht man halbkreisförmig um dieses Dünndarmpaket seitlich und unterhalb die »U-Delle«, einen Bereich, in dem so gut wie keine Dünndarmschlingen vorhanden sind. Vom Nabel an aufwärts zeigt sich in der Mittellinie eine Rille, die zwischen den Bauchmuskeln rechts und links verläuft.

Tastbefund

Ein gesunder Bauch, betastet mit weicher Hand (nicht mit bohrenden Fingerspitzen) beim liegenden Menschen, dessen Bauchmuskeln entspannt sind, fühlt sich weich an und ist ohne weiteres eindrückbar. Auch tieferes Eingehen ist völlig schmerzlos, die Bauchmuskeln geben nach.

Auch der Dickdarm (Colon) kann am gesunden Bauch getastet werden, wenn auch nicht in seinem ganzen Verlauf. Er ist ohne Schmerzen verschiebbar und schnellt elastisch in seine Ausgangslage zurück. Man findet ihn rechts und links am Bauchrand, seitlich der U-Delle, in seinem auf- beziehungsweise absteigenden Teil. Das Verbindungsstück, der Querdarm, liegt zwischen Brustbeinende und Nabel.

Psychosomatische Reaktionen im Magen-Darm-Bereich

Die Leib-Seele-Einheit wird besonders in jenen Bereichen unseres Körpers deutlich, auf die wir willentlich nur wenig Einfluß nehmen können.

Seelische Einflüsse

Dazu gehören Atmung, Kreislauf, Stoffwechsel, Verdauung. Diese Grundlebensfunktionen werden vom vegetativen Nervensystem geregelt, das sehr empfindlich auf seelische Einflüsse reagiert.

Zusammenspiel im Nervensystem

Im Vegetativum begegnen sich die beiden Gegenspieler *Sympathikus* und *Parasympathikus,* die einander gewissermaßen kontrollieren. Es gibt Bereiche, die der Sympathikus, und andere, die der Parasympathikus fördert oder hemmt. Die vegetativen Funktionen sind ein sehr fein aufeinander abgestimmtes Spiel dieser beiden Teile des vegetativen Nervensystems.

Der Sympathikus fördert im allgemeinen die Aktionen nach *außen,* beispielsweise Flucht oder Angriff. Hierzu gehören das Anspannen der Muskeln, die Beschleunigung von Herzschlag und Kreislauf, die Anregung der Nebennierenrinde zur Ausschüttung des Adrenalin.

Der Parasympathikus dagegen steuert jene Funktionen in unserem Körper, die für Ruhe und Erholung sorgen, also den *inneren* Bereich. Er fördert Nahrungsaufnahme, Verdauung, Zellaufbau, Ausscheidung und auch die Immunbereitschaft.

Entsprechend ihrer Stimulierung durch das eine oder andere System gibt es Menschen, die mehr nach außen oder mehr nach innen leben.

Die Wurzeln seelischen Erlebens

Prägungen in der Kindheit

Aus der Entwicklungspsychologie des Menschen wissen wir, daß in bestimmten Zeiten unserer Kindheit bestimmte Prägungen stattfinden. Sie drücken sich nicht nur im Seelischen aus, sondern haben auch immer ihre Entsprechung im Körperlichen. So sind die beiden ersten Lebensjahre mit dem Bereich unseres Vegetativums verknüpft, der Ernährtwerden, Wachstum und Regeneration ermöglicht. Das geschieht ganz ausgeprägt im Magen-Darm-Bereich. Wir sind in dieser Zeit darauf angewiesen, daß jemand da ist, der uns Nahrung gibt. Wenn wir nur „abgespeist" werden, das Füttern also nicht mit Zuwendung und dem Gefühl wirklichen Versorgtwerdens verbunden ist, werden wir nicht wirklich „gestillt". Hierzu brauchen wir auch eine Umgebung, die uns innerlich nährt und in der wir uns aufgehoben fühlen. Wir sind ganz und gar von ihr abhängig. So gehören Nahrung und Geborgenheitsgefühl eng zusammen.

Ist beides für ein Kind in genügendem Umfang vorhanden, „gewinnt es an Boden". Es entwickelt ein Gefühl von Selbstsicherheit und Eigenständigkeit im Sinne von Selber-stehen-Können.

So kommt es zu Störungen

Umgekehrt kann es aber auch zu Störungen kommen, wenn die Bedürfnisse des Kindes in seinem völligen Angewiesensein auf das, was aus der Umgebung kommt, wenig oder nur teilweise erfüllt werden: Beispielsweise kann das Nahrung-Bekommen mit Bedingungen verknüpft sein wie „Du bist nur akzeptiert, wenn du dich brav füttern läßt." Oder:

- Ekel und Erbrechen werden als Ungezogenheit angesehen. Das Kind, das es wagt, seinen Spinat wieder von sich zu geben, wird mit Strafe bedroht (Fritz Perls).
- Statt Liebe gibt es Süßigkeiten.
- Die Mutter ist immer in Hetze. Sie nimmt sich keine Zeit, das Kind in Ruhe und mit viel Zuwendung zu füttern.
- Das Familienleben, in das der Säugling hineingeboren wird, ist gestört, es herrscht eine gespannte Atmosphäre.

Besonders bei einem mehr parasympathisch veranlagten Kind mit seinem starken Bedürfnis nach Ruhe und Geborgenheit können solche

Belastungen zu schweren Störungen führen. Das Kind gedeiht nicht, es hat Durchfall, Bauchweh, es ist übererregt oder apathisch, schreit viel oder meldet sich nur mehr wenig und ist zum Musterkind geworden. Im Zusammenhang mit solchen Erlebnissen prägen sich Verhaltensmuster, die den Menschen sein Leben lang begleiten können und denen er als Erwachsener, ohne davon zu wissen, ausgeliefert ist:

- Aus Angst vor Strafe wird alles geschluckt.
- Essen ist Ersatz für Liebe.

Essen zur Beruhigung?

»Essen wirkt auf viele Menschen wie ein Sedativum (Beruhigungsmittel). Es dämpft vorübergehend ihre Ratlosigkeit und lindert ihre Angst. Eltern geben ihren Kindern oft Süßigkeiten, um sie zu beruhigen beziehungsweise ruhigzustellen. Das Essen in all diesen Fällen hat nichts mit Hunger und dessen Befriedigung zu tun« (Alexander Lowen).

Der Schmerz, den wir als Kind erlebt haben, kann später erneut aktiviert werden, wenn wir ähnlichen emotionalen Schwierigkeiten ausgesetzt sind und dann Beschwerden im Magen-Darm-Bereich auftreten. Diese Gefahr besteht, wenn wir überfordert sind, wenn wir Angst vor dem Nicht-allein-stehen-Können haben oder uns verlassen fühlen.

Müssen wir alles allein schaffen?

Eine weitere Möglichkeit bei der Entstehung psychosomatischer Reaktionen im Verdauungssystem kann (nach Alexander) so aussehen, daß wir unsere kindlichen Bedürfnisse, die ja auch noch als Erwachsene vorhanden sind, nicht anerkennen. Wenn äußere Notwendigkeiten unseren Einsatz verlangen, gestehen wir uns oft nicht ein, daß wir uns eigentlich wie ein Kind hilfesuchend zurückziehen wollen. Wir geben diesem Bedürfnis keinen Ausdruck, weil wir vielleicht glauben, es gäbe keine Möglichkeit dafür und wir müßten alles allein schaffen. Oder wir lehnen uns selbst ab in diesem Bedürfnis nach Ruhe und Versorgtsein-Wollen. Hierdurch entsteht ein Stau im Bereich des Parasympathikus, der in starke Erregung gerät.

Schmerzen und Störungen im Magen-Darm-Bereich können Ausdruck seelischen Schmerzes oder emotionaler Fehlentwicklungen sein. Als solche sind sie Wegweiser zu einem tieferen Verständnis unserer selbst.

Magen-Darm-Beschwerden und ihre Behandlung

Symptome sind Wegweiser

Als Symptome bezeichnet man Erscheinungen, Merkmale, Eigentümlichkeiten einer Krankheit. Sie sind Hinweise für eine Störung und haben deshalb eine große Aussagekraft. Ein Symptom kann charakteristisch für mehrere Krankheiten sein. Erbrechen zum Beispiel kann Folge einer Störung im Magen-Darm-Bereich sein, es kann aber auch durch eine Reizung des Gleichgewichtsorgans hervorgerufen werden.

Symptome ernst nehmen

In jedem Falle sollten Symptome ernst genommen werden. Wir befolgen das jedoch nicht immer: Es kommt darauf an, wie sehr uns das Symptom irritiert oder ob wir uns schon an sein Vorhandensein gewöhnt haben. Verstopfung, oftmals auch Blähungen, werden häufig als „ganz normal" angesehen. Ein wirklich gesundes Magen-Darm-System schenkt großes Wohlbefinden. Deshalb lohnt es sich, alles zu tun, um eine wirkliche Gesundung dieses Bereichs unseres Körpers zu erreichen.

Bauchweh

Möglich bei allen Störungen

Bauchweh ist ein sehr allgemeiner Begriff: Alle Störungen im Magen-Darm-Bereich können von Bauchweh begleitet sein. Die damit verbundenen Schmerzen treten in allen Schweregraden auf, angefangen vom Gefühl, daß wir »einen Bauch haben« – normalerweise spüren wir ihn ja nicht –, bis zu schwersten Schmerzen. Aber auch Störungen außerhalb des Verdauungstraktes können mit Bauchschmerzen einhergehen, beispielsweise eine beginnende Rippenfellentzündung, Periodenprobleme, eine Bauchhöhlenschwangerschaft, eine Eierstockentzündung oder Nieren-Blasen-Erkrankungen. Auch bei psychischer Belastung kann es zu außerordentlich starken Bauchschmerzen kommen.

Wann Sie zum Arzt gehen müssen: Bei allen sehr plötzlich einsetzenden starken Bauchschmerzen. Vor Eintreffen des Arztes sollten keinerlei Schmerzmittel eingenommen werden, da diese die Untersuchung erschweren und das Krankheitsbild verwischen können. Auch Wärmflaschen oder heiße Bauchwickel sind hier fehl am Platze, da sie im Falle einer Entzündung die Sache verschlimmern würden.

Auch bei Bauchweh, das sich anfangs vielleicht nur zögernd bemerkbar macht, jedoch auf Eigenbehandlung nicht anspricht und zunehmend schlimmer wird, ist ärztliche Untersuchung erforderlich. Dies kann der

Fall sein bei einer Magenschleimhautentzündung (Gastritis, → Seite 41), einer Darmgrippe, bei einer beginnenden Blinddarmentzündung (Appendizitis, → Seite 47), Bauchspeicheldrüsenentzündung (Pankreatitis, → Seite 46) oder Bauchfellentzündung (Peritonitis), bei Arteriosklerose im Bauchbereich oder bei Tumoren.

Fiebermessen

Messen Sie Ihre Temperatur, bevor der Arzt kommt, das kann schon erste Anhaltspunkte für die Diagnose geben. Sie sollten sich überlegen, ob Sie etwas gegessen oder getrunken haben, das Ihnen vielleicht nicht bekommen ist. Erinnern Sie sich, ob Sie in Hast waren, schlecht gekaut oder schwer verdauliche Speisen zu sich genommen haben. Fragen Sie sich, welche Probleme Sie haben, die Sie nicht verdauen können.

Die Behandlung: Wenn bei Ihren Bauchschmerzen *Blähungen* im Vordergrund stehen, helfen Sie sich mit einem heißen Bauchwickel (→ Seite 77), der auch Kamille enthalten kann. Trinken Sie Fenchel- oder Kümmeltee (→ Seite 82) oder Teemischung 4 (→ Seite 83). Machen Sie sich einen Einlauf (→ Seite 76), nehmen Sie Heilerde (nach Vorschrift) ein.

Wenn Sie wissen, daß Sie mit der *Galle* zu tun haben, machen Sie sich einen Leberwickel mit Schafgarbe (→ Seite 77) und trinken Sie einen Pfefferminztee (→ Seite 84) oder Teemischung 2 oder 8 (→ Seite 81 und 84).

Kommt Ihr Bauchweh vom *Magen,* behandeln Sie wie bei Magenschleimhautentzündung (→ Seite 42).

Haben Sie *verdorbene Speisen oder zu viel durcheinander gegessen,* trinken Sie Tees aus Heilpflanzen, die Bitterstoffe enthalten. Das sind: Wermut, Tausendgüldenkraut, Kalmus (→ Seite 81), auch Teemischung 2. Hier helfen auch ein Fastentag (→ Seite 64), eine Einlaufserie (→ Seite 76) und ein heißer Leibwickel (→ Seite 77).

Nach den Beschwerden auswählen

Homöopathische Mittel (Dosierung → Seite 79) müssen nach den charakteristischen Beschwerden ausgewählt werden.

Colocynthis D 6 (Citrullus colocynthis) – bei krampfartigen Schmerzen, die zum Zusammenkrümmen zwingen; stündlich eine Gabe.

Magnesium phosphoricum D 3 – bei kolikartigen Schmerzen, die sich durch Wärme und auf Druck bessern; bei einem Anfall stündlich eine Gabe.

Belladonna D 4 – bei Schmerzen, die kommen und gehen.

Nux vomica D 6 (Strychnos nux vomica) – nach verdorbenen Speisen und vielem Durcheinanderessen.

Wenn bei Kindern immer wieder Bauchschmerzen auftreten, muß man an einen Wurmbefall des Darmes denken. Das wird sogar sehr häufig von Ärzten übersehen. Durch eine Untersuchung des Stuhles auf Würmer (→»Darmparasiten«, Seite 53) kann hier sehr schnell die Ursache gefunden, durch die Gabe eines Wurmmittels können die Beschwerden dauerhaft beseitigt werden.

Aufstoßen

Es tritt meist in Verbindung mit Blähbauch (→ Seite 22) auf und hat dieselben Ursachen. Seltener ist es Folge von krankhaften Prozessen, die sich in der Speiseröhre abspielen.

Blähbauch

Blähungen treten in unterschiedlichen Schweregraden auf.

Wann Sie zum Arzt gehen müssen: Wenn die Blähungen trotz sorgfältiger eigener Bemühungen nicht besser werden oder wenn sie so stark sind, daß sie den Bauch ballonartig auftreiben. Dabei werden das Zwerchfell und damit die Atmung stark blockiert, so daß nachfolgend auch Herzbeschwerden auftreten können (Roemheld-Syndrom).

Die häufigsten Ursachen:

Unverträgliche Nahrungsmittel meiden

- Nahrungsunverträglichkeit, hervorgerufen durch schlechtes Kauen, durch zu schnelles Essen, zuviel Essen, vielem Durcheinanderessen, durch leicht gärende Nahrung.
- Überforderter Darm (→ Seite 38), Reizdarm (→ Seite 48) und Reizmagen, Schwäche der Bauchspeicheldrüsenfunktion.
- Leber-Galle-Störungen (oft verbunden mit erheblichen Blähungen).
- Chronische Entzündung der Bauchspeicheldrüse (→ Seite 46).

Unterstützung der ärztlichen Therapie: Legen Sie heiße Bauchwickel mit Kamille oder Schafgarbe (→ Seite 77), Leberwickel (→ Seite 77) oder einen Heublumensack (→ Seite 78) auf. Machen Sie sich mehrmals täglich eine Bauchbehandlung nach Rosendorff (→ Seite 69).

Trinken Sie entblähende Tees aus Fenchel, Kümmel, Anis, Kamille oder Pfefferminze (→ Seite 82 bis 84) und Teemischung 4 (→ Seite 83).

Vermeiden Sie unverträgliche Nahrungsmittel, und bemühen Sie sich, sorgfältiger zu essen. Kaffeekohle oder Heilerde können Gase, Bakterien und deren Gifte absorbieren.

Bei chronisch auftretenden Blähungen sind Darmreinigungskuren (→ Seite 65) angezeigt.

Nach den Beschwerden auswählen

Homöopathische Mittel (→ Seite 79):

Chamomilla D 4 – bei Blähungskolik mit aufgetriebenem Oberbauch.

Carbo vegetabilis D 6 – bei sehr starkem Aufgeblähtsein, das Herzbeschwerden verursacht.

Lycopodium D 12 – bei stark gespanntem Leib, Leberfunktionsstörung, großer Verdauungsschwäche.

Asa foetida D 12 – bei dauerndem Aufstoßen und Rülpsen, Roemheld-Syndrom, stinkenden Winden.

Nux vomica D 6 – bei Blähungskoliken nach vielem Durcheinanderessen; Nux vomica ist ein Mittel für reizbare Menschen.

Übelkeit

Mögliche Ursachen

Vorübergehend andauernde Übelkeit kommt öfter vor, ist aber harmlos. Sie tritt nach dem Genuß zu reichlicher, zu fetter oder verdorbener Speisen auf. Auch zuviel Alkohol verursacht Übelkeit, vor allem, wenn verschiedene Sorten durcheinander getrunken wurden. Uns kann übel werden, wenn wir an etwas Ekeliges denken oder etwas Unappetitliches sehen oder riechen. Große seelische Erschütterungen können ebenfalls Übelkeit hervorrufen.

Wann Sie zum Arzt gehen müssen: Bei länger andauernder Übelkeit, denn sie kann Anzeichen einer schlimmeren Erkrankung sein. Häufig tritt sie zwar sehr heftig bei Kopfschmerzen oder Migräne auf, aber auch als Begleiterscheinung bei Nierenkoliken, Nierenbeckenentzündungen, Erkrankungen im Unterleib und manchmal bei Herzerkrankungen. Im Verdauungssystem kann Übelkeit mit einer Magenschleimhautentzündung (→ Seite 41), einer Bauchspeicheldrüsenentzündung (→ Seite 46), mit Leber- und Gallenwegserkrankungen und chronischer Verstopfung (Obstipation, → Seite 32) einhergehen.

Zum Arzt!

Die *zu Beginn einer Schwangerschaft auftretende Übelkeit* hat mit hormonellen Umstellungen in dieser Zeit zu tun und muß, wenn überhaupt – hier kommt es auf den Schweregrad an – sehr individuell vom Arzt behandelt werden.

Unterstützung der ärztlichen Therapie: Machen Sie sich heiße Bauchwickel (→ Seite 77) und Einläufe (→ Seite 76). Wenn möglich, legen Sie sich ins Bett und halten die Füße warm. Trinken Sie Tee aus Pfefferminze, Schafgarbe oder Fenchel (→ Seite 82 bis 84), was Ihnen am besten bekommt, oder Teemischung 2 (→ Seite 81) oder 8 (→ Seite 84). Verzichten Sie auf Essen, solange die Übelkeit andauert.

Nach den Beschwerden auswählen

Homöopathische Mittel (→ Seite 79):

Nux vomica D 6 (Strychnos nux vomica) – nach vielem Durcheinanderessen.

Tabacum D 6 (Nicotiana tabacum) – bei Übelkeit mit Kältegefühl, kaltem Schweiß und Herzklopfen.

Ipecacuanha D 6 (Cephaelis ipecacuanha) – bei Übelkeit mit starker Brechneigung und Elendigkeitsgefühl im Magen.

Colchicum D 6 – wenn allein schon der Geruch oder Anblick von Speisen Übelkeit verursacht.

Sodbrennen

Sodbrennen kann entstehen, wenn Magensäure in den unteren Teil der Speiseröhre aufsteigt oder bei zuwenig vorhandener Magensäure Gärprodukte aus den im Magen liegenden Speisen die Speiseröhre irritieren.

Mögliche Ursachen

Meist ist Sodbrennen eine Folge von zu vielem Essen, vor allem von Süßem und Fettem. Es kann als Begleitsymptom bei Magenschleimhautentzündungen und bei Magen- und Zwölffingerdarmgeschwüren (→ Seite 43) auftreten.

Die Behandlung: Im akuten Fall helfen Sie sich durch Einnahme von Heilerde (nach Vorschrift), die die Säure aufnimmt, oder Basenpulver, das die Säure neutralisiert.

Rezept für Basenpulver (das Ihnen der Apotheker zusammenstellt):

Natrium phosphoricum	10,0
Kalium bicarbonicum	10,0
Calcium carbonicum	100,0
Natrium bicarbonicum ad	200,0

Dosierung: 1 Kaffeelöffel Basenpulver auf 1 Glas lauwarmes Wasser, schluckweise trinken.

Zusätzlich sollten Sie, über den Tag verteilt, Tees aus Enzian, Tausendgüldenkraut oder Wermut (→ Seite 80) trinken.

Nach den Beschwerden auswählen

Homöopathische Mittel (→ Seite 79):
Nux vomica D 6 – bei Neigung, zu viel zu essen.
Argentum nitricum D 6 – bei starkem Verlangen nach Süßem, das aber nicht vertragen wird. Oder
Natrium phosphoricum D 6 – bei saurem Aufstoßen.
Diese Mittel können über einen Zeitraum von mehreren Wochen eingenommen werden.
Neigen Sie generell zu Sodbrennen, so bemühen Sie sich, sorgfältiger zu kauen, abends möglichst wenig zu essen und Alkohol, Zigaretten, Kaffee, Fabrikzucker und in heißem Fett Zubereitetes zu meiden. Kauen Sie mehrmals am Tag ein Stückchen Kalmuswurzel (→ Seite 82), und trinken Sie eine Zeitlang regelmäßig einmal täglich eine Tasse Kü-Ka-Lei-Wa (→ Seite 68).

Schluckauf

Zwerchfellkrampf

Der Schluckauf ist ein Krampf des Zwerchfells, das wie der Magen vom Nervus vagus, der Teil des parasympathischen Nervensystems (→ Seite 18) ist, versorgt wird. Bei Reizung der Speiseröhre oder des Magens, aber auch bei starken seelischen Erregungen, kann das Zwerchfell mitreagieren. Der Schluckauf kann auch Hinweis auf eine Bauchfellentzündung sein.

Erbrechen

Plötzlich einsetzendes Erbrechen ist häufig eine sinnvolle Maßnahme des Körpers, Unbekömmliches loszuwerden: zu viel Alkohol, zu viel Fettes, überhaupt zu viel oder zu viel Durcheinander, verdorbene Nahrungsmittel. Auch hohes Fieber oder starke seelische Erregung kann Erbrechen hervorrufen. Hier erleichtert das Erbrechen die akute Störung, und Sie fühlen sich danach wieder besser. Eine Therapie ist nicht notwendig.

Hinweis auf Krankheit!

Wann Sie zum Arzt gehen müssen: Erbrechen tritt immer wieder als Begleiterscheinung anderer Krankheiten auf, oder als Hinweis darauf. Die Ursache muß unbedingt vom Arzt abgeklärt werden. Bei genauerer Nachprüfung ist es dann meist mit anderen Symptomen verbunden, die zur eigentlichen Ursache führen. Im Magen-Darm-Bereich kann das Erbrechen im Zusammenhang mit einer Entzündung der Bauchspeicheldrüse (→ Seite 46) oder der Gallenblase auftreten, aber auch bei Blinddarmentzündung (→ Seite 47), Leberstörungen, Lebensmittelvergiftungen, bei infektiösen Darmerkrankungen (→ Seite 27 und 28) und Darmverschluß. Die Therapie muß sich hier natürlich an der zugrundeliegenden Störung orientieren und kann nur vom Arzt durchgeführt werden. Doch können Sie selbst unterstützende Maßnahmen ergreifen.

Die Behandlung: Bettruhe, Wärme, das Auflegen von heißen Wickeln (→ Seite 77) oder einem Heublumensack (→ Seite 78) auf den Bauch oder in die Lebergegend wirken sehr beruhigend und krampflösend. Sie sollten fasten (→ Seite 64) und mit Bittersalz (es wird jedoch bei Erbrechen nicht immer vertragen) und Einläufen (→ Seite 76) für einen guten

Stuhlgang sorgen. An Tees, dünn aufgebrüht und in kleinen Schlückchen genommen, sind zu empfehlen: Wermut, Tausendgüldenkraut, Kamille, Melisse, Fenchel sowie Teemischung 9 (→ Seite 81 bis 84).

Homöopathische Mittel (→ Seite 79):

Tabacum D 6 – oder Veratrum D 6 – bei Erbrechen mit kaltem Schweiß.

Chamomilla D 6 – oder Nux vomica D 6 – bei Erbrechen nach Ärger.

Zum Arzt!

Das *morgendliche Erbrechen in der Schwangerschaft* muß sehr vorsichtig und in Absprache mit dem Arzt behandelt werden. Folgende Maßnahmen können hilfreich sein:

- Nehmen Sie sich abends beim Schlafengehen ein Stück trockenes Brot mit ans Bett und kauen Sie es sehr gründlich, bevor Sie aufstehen.
- Als homöopathische Mittel nehmen Sie: Sepia, Nux vomica (Strychnos nux vomica) oder Ipecacuanha (Cephaelis ipecacuanha).
- Machen Sie Kneippsche Kniegüsse (→ Seite 76).
- Lassen Sie sich von einem Fachmann mit Fußzonenreflexmassage (→ Seite 87) behandeln.

Durchfall (Diarrhö)

Ein gesunder Dickdarm ist in der Lage, die im Stuhl vorhandene Flüssigkeit aufzusaugen und sie dem Blutkreislauf wieder zuzuführen. Mit der aus den Verdauungssäften in den Darm gelangten Flüssigkeit holt die Darmschleimhaut auch die darin gelösten Mineralstoffe zurück. Die Dickdarmschleimhaut besitzt keine Zotten mehr, die Verdauungsarbeit ist hier ja auch im großen und ganzen beendet. Nur einige Bakterien sind noch in der Lage, einen Teil der Zellulose aufzuschließen.

Je höher der Anteil der Faserstoffe im Speisebrei, desto kürzer ist die Zeit des Transits im Dickdarm. Die Faserstoffe haben eine gewisse Wasserbindungsfähigkeit, so daß der Stuhl auch Volumen behält. Er besteht immer noch zur Hälfte aus Wasser; ein Großteil sind abgestoßene Darmbakterien.

Wäßriger Stuhl

Das Auftreten von wäßrigem Stuhl nennt man Durchfall. Wie die Verstopfung ist er keine Krankheit, sondern ein Krankheitssymptom. Ursache kann eine Schädigung der Schleimhaut des Dickdarms sein, so daß sie ihrer Funktion, den Stuhl einzudicken, nicht mehr nachkommen kann. Die Gründe hierfür liegen in einer Veränderung der Struktur der Darmwand durch Divertikel oder Polypen (→ Seite 51 und 52) oder in einer Entzündung der Dickdarmschleimhaut, beispielsweise bei Colitis (→ Seite 29).

Die häufigsten Ursachen (für die im wesentlichen der ganze Darm-Bereich verantwortlich ist):

- Der überforderte Darm (→ Seite 38).
- Die Funktion des Magen-Darm-Traktes ist durch vegetative Überreizung gestört; zum Beispiel bei starker Aufregung oder Angst.
- Unverträgliche Speisen; das Verdauungssystem greift zur Selbsthilfe und entledigt sich der unbekömmlichen Substanzen. Dasselbe geschieht bei Nahrungsmittelvergiftung.

Mögliche Ursachen

• Der Darm ist mit Bakterien* oder Viren** infiziert, deren Stoffwechselgifte die Durchlässigkeit der Schleimhaut verändern, zum Beispiel bei Reisedurchfall (→ Seite 27) und Sommergrippe (→ Seite 28), schwerwiegender bei Typhus, Ruhr, Cholera.
• Der Dünndarm ist entzündet, was generell beim überforderten Darm der Fall ist, charakteristisch beim Morbus Crohn (→ Seite 29).
• Nahrungsunverträglichkeiten spezifischer Art wie bei Nahrungsmittelallergie und der Sprue (→ Seite 28).
• Als Folge von Störungen der Leber- und Bauchspeicheldrüsenfunktion, wobei die Nahrungsmittel nicht richtig verdaut werden.
• Als Begleitsymptom bei anderen Krankheiten, zum Beispiel Nierenbeckenentzündung.
• Störungen der Darmflora, besonders nach der Einnahme von Antibiotika, Zytostatika*** und bei Mißbrauch von Abführmitteln.

Akuter Durchfall

Er tritt meist auf, wenn wir etwas Unverträgliches gegessen haben, möglicherweise auch nach dem Genuß von zu viel Steinobst oder frisch gegorenem Wein, oder wenn wir uns sehr aufregen und Angst vor etwas haben. (Man sagt ja auch, etwas unfein zwar, jemand habe „Schiß".)

Diese Art des Durchfalls ist recht harmlos und im allgemeinen nach ein oder zwei Tagen ausgestanden.

Bettruhe

Die Behandlung: Gehen Sie ins Bett, legen Sie sich, sofern Sie das als angenehm empfinden, eine Wärmflasche auf den Bauch, oder machen Sie sich einen feuchtheißen Bauch- oder Leberwickel (→ Seite 77). Sorgen Sie für warme Füße, und trinken Sie, in kleinen Portionen über den Tag verteilt, Tee: Kamille, Pfefferminze, Blutwurz oder getrocknete Heidelbeeren, jeweils dünn aufgegossen, oder die Teemischungen 5 und 6 (→ Seite 83 und 84).

Viel trinken, nichts essen

Die ständige Zufuhr von Flüssigkeit ist zunehmend wichtig, da Sie ja auch viel Flüssigkeit verlieren. Im übrigen sollten Sie sich 1 bis 2 Tage strikt jeglicher Nahrungsaufnahme enthalten; Ihr Darm ist jetzt nicht in der Lage, ordnungsgemäß zu verdauen. Zusätzlich nehmen Sie Bittersalz, um den Darm zu reinigen, und zwar 1 gehäuften Kaffeelöffel auf ¼ Liter warmes Wasser, morgens nüchtern. Machen Sie eine Einlaufserie (→ Seite 76), um die möglicherweise vorhandenen Giftstoffe aus dem Darm zu entfernen. Die Einnahme von Kaffeekohle oder Heilerde kann

---

* Bakterien sind einzellige Kleinstlebewesen, die sich durch einfache Teilung vermehren (innerhalb eines Tages zu mehreren tausend Milliarden). Es gibt unzählige Bakterienarten, darunter auch Krankheitserreger, die durch Berührung oder Tröpfchen, durch Nahrungsmittel, Staub und Tiere übertragen werden.

** Viren sind winzige organische Strukturen, die nur auf lebendem Gewebe, mit Hilfe von Wirtszellen, gedeihen; Erreger verschiedenster Infektionskrankheiten. Übertragbar durch Absonderungen aus den Atemwegen und dem Verdauungstrakt (Berührung, Tröpfchen) und durch Nahrungsmittel, Staub und Tiere.

*** Zytostatika sind Substanzen, die Zellen an Wachstum und Vermehrung hindern.

Vorsichtiger Kostaufbau

hier ebenfalls unterstützend wirken. Wenn der Hunger sich wieder meldet, ist langsames Vorgehen nötig; stürzen Sie sich nicht gleich wieder auf Ihre Lieblingsgerichte. Nehmen Sie zunächst leicht gesalzenen Hafer- oder Reisschleim, Basensuppe (Rezept → Seite 68), Zwieback oder geriebenen Apfel zu sich. Kauen Sie sehr sorgfältig. Wenn Sie diese Nahrung vertragen und nicht erneut Durchfälle auftreten, können Sie langsam zu Normalkost zurückkehren.

Nach den Beschwerden auswählen

Homöopathische Mittel (→ Seite 79):

Nux vomica D 6 – wenn Sie viel durcheinander gegessen haben.

Carbo vegetabilis D 4 – nach fettem Essen.

Veratrum album D 6 – bei stark wäßrigen Durchfällen, die sehr erschöpfen.

Arsenicum album D 12 (Acidum arsenicosum) – wenn der Durchfall von starkem Elendigkeitsgefühl, kaltem Schweiß, häufig gepaart mit Erbrechen, begleitet ist: 5 Tropfen in ½ Glas mit gut warmem Wasser geben, schluckweise über den Tag verteilt trinken.

Chamomilla (Chamomilla recutita) D 6 oder höher – wenn der Stuhl hell und der Bauch gebläht ist.

Podophyllum D 4 – wenn Sie riesige Mengen Durchfall produzieren, Leere- und Elendsgefühl im Bauch verspüren und einen pappigen Mund haben; auch bei Magenkoliken.

Gelsemium D 30 – bei Durchfall vor Prüfungen.

Infektiöser Durchfall

Darminfektion

Darminfektionen werden von Erregern wie Bakterien, Viren, Amöben oder Protozoen (Einzeller) hervorgerufen. Dabei steht der Durchfall, oft gepaart mit Erbrechen, Darmkrämpfen und Fieber, im Vordergrund. Der Reisedurchfall und die Sommergrippe, auch Ruhr, Cholera und der Typhus abdominalis (Bauchtyphus) sind dieser Gruppe der Darminfektionen zuzurechnen.

Reisedurchfall (Reisediarrhö): Sie reisen in den Süden, freuen sich auf Ihren Urlaub. Es ist heiß, Sie schwitzen, trinken viel und kalt, Sie ernähren sich vorzüglich von Obst, genießen die kulinarischen Genüsse, die Ihnen das Land bietet. Und plötzlich bekommen Sie Durchfall.

Vermutlich haben Sie sich mit infektiösen Keimen vergiftet, die Obst, rohe Salate oder nicht mehr ganz frische Lebensmittel bevölkern, oder Sie haben die fremde Art der Speisenzubereitung nicht vertragen.

Die Behandlung: Bei der Reisediarrhö helfen ebenfalls die beim akuten Durchfall empfohlenen Maßnahmen: Fasten (→ Seite 62), Bettruhe, Wärmflasche, Tees (→ Seite 83 und 84). Bei sehr starkem Flüssigkeitsverlust über den Darm (auch durch zusätzliches Schwitzen) sollten Sie Oralpädon (nach Vorschrift) einnehmen; es gleicht die Mineralstoffverluste aus. Zusätzlich nehmen Sie als homöopathisches Mittel stündlich 10 Tropfen Okoubaka D 2. Sehr gut wirken Kaffeekohle und Heilerde, die Giftsubstanzen absorbieren.

Vorsicht beim Essen

Wenn Sie wieder anfangen zu essen, verzichten Sie selbstverständlich auf alles Rohe, trinken nur abgekochtes Wasser und ernähren sich entsprechend vorsichtig.

Langsam eingewöhnen am Urlaubsort

Vorbeugende Maßnahmen: In den ersten Tagen der klimatischen und ernährungsmäßigen Umstellung sind Sie besonders anfällig. Nach einer weiten Anreise macht es erfahrungsgemäß auch Schwierigkeiten, sich an den neuen Biorhythmus zu gewöhnen. Lassen Sie sich also Zeit zum Eingewöhnen! Stürzen Sie sich nicht gleich in anstrengende Unternehmungen! Akklimatisieren Sie sich in jeder Hinsicht!

Halten Sie Ihren Bauch gleichmäßig warm, am besten mit einer wollenen oder seidenen Leibbinde. Wenn Sie stark schwitzen und sich großzügig Ihrer Kleider entledigen, besteht die Gefahr, daß Ihr Bauch unterkühlt wird, und das macht ihn besonders empfindlich. Sie sollten deshalb auch vorsichtig mit kalten Getränken und Eis sein.

Achten Sie auf strenge Hygiene, trinken Sie kein ungekochtes Wasser, gewöhnen Sie sich allmählich und in kleinen Mengen an die landesübliche Kost, und nehmen Sie zunächst nur Gekochtes, das frisch zubereitet ist, zu sich. Essen Sie nur schälbares Obst, kein rohes Gemüse oder Salat, keine Eiscremes. Vorsicht mit Wurst!

Unterstützen Sie Ihre Darmbakterien schon zu Beginn der Reise vorbeugend durch die Einnahme von Perenterol oder Mutaflor. 3mal täglich nach Vorschrift eingenommen, machen sie Sie widerstandsfähiger gegen die Bakterien des Gastlandes. Auch Kaffeekohle oder Heilerde wirken vorbeugend, ebenso Okonbaka D_6, 3mal täglich eingenommen.

Wichtig!

Wann Sie zum Arzt gehen müssen: Kommt Ihre Durchfallerkrankung nicht nach zwei bis drei Tagen zum Stillstand, haben Sie mehrmals stündlich Stuhlentleerung, sind die Durchfälle wäßrig, haben Sie Fieber und fühlen Sie sich zunehmend schläfrig, müssen Sie sofort einen Arzt aufsuchen. In diesen Fällen kann es sich um eine ernstere Erkrankung wie Paratyphus, Cholera oder Ruhr handeln. Hier reichen die beschriebenen Therapiemaßnahmen bei weitem nicht aus.

Die **Sommergrippe** weist ähnliche Symptome auf wie die Reisediarrhö. Entsprechend ist auch die Therapie: Fasten (→ Seite 62), trotz Durchfall zusätzliches Abführen mit Bittersalz und Einlaufserie (→ Seite 76), kaffeelöffelweise Kamillentee (→ Seite 84), Bettruhe mit Wärmflasche an den Füßen.

Homöopathische Mittel (→ Seite 79):

Ferrum phosphoricum D 8 – bei Durchfall mit Fieber, kalten Füßen und Magenschmerzen.

Arsenicum album D 12 (Acidum arsenicosum) – ebenfalls bei fiebrigem Durchfall, der sehr schwächt.

Pulsatilla D 6 – bei fieberhafter Darminfektion nach verdorbenem Magen.

Chronischer Durchfall

Zum Arzt!

Wenn Durchfälle anhaltend und immer wiederkehrend auftreten, sollten Sie einen Arzt aufsuchen, der die Ursache dieser chronischen Durchfälle klärt. Immer häufiger sind Nahrungsmittelallergien der Grund für chronische Durchfälle; sie im einzelnen herauszufinden, ist jedoch oft schwierig. In diesen Bereich gehört die **Sprue,** bei der eine Unverträglichkeit des Getreideeiweißes Gluten vorliegt. Die Erkrankung beginnt oft in der

Kindheit, verschwindet häufig in der Jugend und kann im Erwachsenenalter wieder auftreten. Starker Durchfall, Gewichtsverlust und heftige Blähungen sind die Symptome.

Dünndarmentzündung (Ileitis)

Ursache: Ernährungsfehler

Sie muß keinerlei Schmerzen verursachen und wird, wie im Kapitel *Der überforderte Darm* (→ Seite 38) beschrieben, meist nicht bemerkt. Auch Durchfälle sind nicht immer vorhanden. Man sollte jedoch bei chronischen Durchfällen auch an die Möglichkeit dieser Erkrankung denken, die durch anhaltende Fehler in der Ernährung verursacht wird. Hier können nur eine konsequent durchgeführte Darmreinigungskur (→ Seite 65) und eine grundlegende Umstellung der Eßgewohnheiten sowie eine Sanierung der Darmflora (→ Seite 88) helfen.

Morbus Crohn (Ileitis terminalis)

Krampfartige Schmerzen

Der Morbus Crohn befällt vor allem das untere Ende des Dünndarms (terminalis, aus dem Lateinischen = am Ende befindlich), kann aber auch auf den übrigen Dünn- und Dickdarm übergreifen. Die Entzündung breitet sich landkartenartig aus und durchdringt wie ein Geschwür die Schleimhautschichten entlang der Lymphgefäße. Bei Abheilung hinterläßt sie grobe Narben, eventuell auch Verengungen des Darms oder Fisteln (→ Seite 53). Ebenso wie bei der Colitis (→ unten) treten auch hier krampfartige Schmerzen und häufige Durchfälle auf, die mit Schleim und Blut vermengt sind. Krankheitsbegleitend kann es zu Entzündungen an großen Gelenken und an der Regenbogenhaut des Auges kommen. Im seelischen Verhalten sind sich Colitis- und Crohn-Kranke sehr ähnlich.

Die therapeutischen Maßnahmen sind dieselben, wie nachfolgend bei der Colitis beschrieben.

Colitis ulcerosa (Dickdarmentzündung)

Starke Darmkrämpfe

Diese Bezeichnung ist bekannter als der Name Colitis mucosa, der Unterschied ein gradueller: »Mucosa« kennzeichnet die entzündete Schleimhaut, »ulcerosa« besagt, daß sie auch aufgebrochene Stellen zeigt.

Die Symptome: Bei der Colitis stehen starke Darmkrämpfe im Vordergrund. Die Durchfälle können bis zu 30- oder 40mal am Tag und auch während der Nacht auftreten; oft sind sie mit Blut, Eiter und Schleim durchsetzt. Diese Beschwerden können sich ganz plötzlich einstellen, einige Tage andauern und dann wieder vorüber sein; sie können aber auch – und das in der Mehrzahl der Fälle – immer wieder, unterbrochen von mehrtägigen und mehrwöchigen Pausen, auftreten. Auslösender Faktor kann vor allem eine akute seelische Belastung sein.

Die Ursachen: Man nimmt an, daß diese schwerwiegenden Störungen durch unsere Zivilisationskost hervorgerufen werden, daß aber auch eine körpereigene Komponente beteiligt sein kann. Meist lohnt es sich auch, nach geopathischen Zonen (Erdstrahlen) zu suchen, die den Schlafplatz belasten können (ebenso bei Morbus Crohn). Die Dickdarmschleimhaut befindet sich während eines akuten Schubes in einem Zustand schwerster Entzündung, die sich flächenhaft ausbreitet.

Seelische Ursachen

Ausgehend von der auffälligen Tatsache, daß der Beginn der Beschwerden deutlich mit Situationen seelischer Belastung zu tun hat und Besserung mit seelischer Entlastung, ist man der besonderen Problematik dieser Patienten nachgegangen. Man hat herausgefunden, daß sie sozial sehr angepaßt sind und jeden Ausdruck von Gefühlen vermeiden. Aggressionen können sie so gut wie gar nicht zeigen. So schützen sie sich vor dem Zurückgewiesen-Werden. Es scheint bei ihnen eine große Angst vor dem Verlust einer geliebten Person vorhanden zu sein. Geht man dieser Schwierigkeit bis in die Kindheit nach, findet man sehr beherrschende Mütter, von denen sich die Patienten bisher nur ungenügend lösen konnten. Sie sind immer bestrebt, es allen recht zu machen.

Zum Arzt!

Was der Arzt tun kann: Ziehen Sie bitte zur Behandlung einer Colitis unbedingt einen Arzt bei. Durch Neuraltherapie und eine Behandlung der Darmflora (→ Seite 88) kann er Ihre eigenen Bemühungen unterstützen und Sie beraten, wenn Sie Medikamente benötigen. Sie sollten diese keinesfalls auf eigene Faust einnehmen.

Bei der medikamentösen Therapie kommt es darauf an, die Entgiftungsfunktion der Leber zu unterstützen. Hier eignen sich Lycopodium compositum (Wala) und zusätzlich Bittertees oder Teemischung 2, 3 oder 8 (→ Seite 81 bis 84). Des weiteren sollten adstringierende (zusammenziehende) Substanzen für die Schleimhaut gegeben werden, beispielsweise Tormentilla compositum (Wala) und die Teemischungen 5 und 6 (→ Seite 83).

Unterstützung der ärztlichen Therapie: Nach der Durchführung einer Darmreinigungskur (→ Seite 65) sollten sich Colitis-Kranke auf vollwertige biologische Ernährung umstellen und alle raffinierten Kohlenhydrate, also Weißmehl und Fabrikzucker, strikt vermeiden.

Luvos Heilerde Ultra ist ein Medikament, das Sie in jedem Fall einnehmen können. Sie wirkt entzündungshemmend und neutralisiert den Darminhalt.

Fußwechselbäder (→ Seite 74), Reibesitzbäder (→ Seite 75) und Kneippsche Güsse (→ Seite 75) sind ebenfalls wichtige unterstützende Maßnahmen.

Hilfe durch Psychotherapie

Eine psychotherapeutische Behandlung (→ Seite 89) sollte ergänzend hinzukommen. Der Kranke muß seine Symptome verstehen lernen und sich nach und nach mehr trauen, seinen Gefühlen – auch den negativen – Ausdruck zu geben.

Sehr gute Erfolge kann auch eine Atemtherapie bringen, bei der es darum geht, den »aus dem gesunden Körpergefüge gefallenen« Bauchbereich wieder in das lebendige Ganze einzubeziehen. Selbst durchgeführte Atemübungen (→ Seite 71) und autogenes Training (→ Seite 73) können die Therapie ergänzen.

Brechdurchfall

Zum Arzt!

Hierbei treten Durchfall und Erbrechen gemeinsam auf; also Entleerung nach oben und unten. Diese heftigen Reaktionen müssen durch eine erhebliche Störung im Magen-Darm-Bereich hervorgerufen worden sein. Bitte holen Sie den Arzt!

Die Symptome: Diese Erscheinungen können mit allen anderen, den Bauchbereich betreffenden Beschwerden verbunden sein. Meist besteht Appetitlosigkeit, Leibschmerzen, starke Unruhe und Schwäche kommen hinzu. Möglicherweise haben Sie auch Fieber oder einen aufgetriebenen Bauch. Dabei kann es sich um den *akuten Bauch* (→ Seite 49) handeln.

Ursachen und Behandlung: Brechdurchfall kann nach dem Genuß verdorbener Nahrungsmittel oder von zuviel Alkohol oder bei allergischen Reaktionen auf bestimmte Nahrungsmittel auftreten. Hier sollten Sie den Dingen ihren Lauf lassen und die Reinigungsvorgänge Ihres Körpers durch die Einnahme von Bittersalz und Einlaufserien (→ Seite 76) unterstützen.

Um die unangenehmen Beschwerden erträglich zu machen, sind heiße Bauch- oder Leberwickel (→ Seite 77) oder die Einnahme von Heilerde und Kaffeekohle hilfreich. Vorsichtig und nur kaffeelöffelweise können Sie auch Wermut- oder Kamillentee (→ Seite 81 und 84) zu sich nehmen.

Wann Sie zum Arzt gehen müssen: Wenn die Durchfälle anhaltend, wäßrig und unstillbar sind, besteht der Verdacht auf Cholera oder Ruhr. Hier ist rasche ärztliche Hilfe angezeigt.

Bandwurmbefall?

In seltenen Fällen sind Erbrechen und Durchfall auch einmal die Folge eines Bandwurmbefalls. Häufig treten dann Leibschmerzen und Schwindelgefühl als zusätzliche Symptome auf. Der Bandwurm gelangt über die Finnen – die Bandwurmlarven im ungaren Fleisch von Rind und Schwein – in den Darm und ernährt sich dort von den Speisen, die wir zu uns nehmen. Es ist nicht immer einfach, die Diagnose zu stellen, weil nur gelegentlich einzelne, weißlich aussehende Glieder des Bandwurms im Stuhl abgehen.

Homöopathische Mittel (→ Seite 79):

Nach den Beschwerden auswählen

Tabacum (Nicotiana tabacum), Veratrum album, Chamomilla (Chamomilla recutita) oder Nux vomica (Strychnos nux vomica) – wie bei Erbrechen (→ Seite 24) angegeben; zusätzlich Ipecacuanha und Tabacum – wie bei Übelkeit (→ Seite 22) und Podophyllum – wie bei Durchfall (→ Seite 25).

Colchicum D 6 – bei schleimigen Durchfällen und Erbrechen mit Schleim; wenn schon der Geruch von Speisen alles in Gang setzt und Sie zittrig und schwach sind.

Verstopfung (Obstipation)

Damit sich Ihr Darm einmal täglich entleeren kann, ist ein koordinierter Ablauf der Verdauungsvorgänge erforderlich. Bitte hören Sie nicht auf Beschwichtigungen wie: jeden dritten Tag Stuhlgang sei auch noch normal, oder: 3mal täglich Stuhlentleerung sei sogar gut. Normalerweise sollten Sie einmal täglich Stuhlgang haben. Hierbei ist zu berücksichti-

Regelmäßig 1 × täglich Stuhlgang

gen, daß die Passage nicht länger als einen Tag beansprucht. Wir wissen, daß sich die übliche Zivilisationskost 60 bis 70 Stunden im Magen-Darm-System aufhält, also das zwei- bis dreifache der normalen Zeit. Sie können das selbst einmal überprüfen, indem Sie beispielsweise rote Bete essen und beobachten, wann diese im Stuhl erscheint.

Ein gesunder Stuhl sollte zusammenhängend geformt sein, den Darmausgang wenig oder gar nicht beschmutzen (geringer Verbrauch von Klopapier!) und nicht zu stark riechen.

Akute Verstopfung

Sie ist meist nur vorübergehend und tritt bei einem Ortswechsel (Fremdklo-Effekt), bei ungewohnter Nahrung, bei Aufregung oder Krankheit auf.

Hier dürfen Sie ausnahmsweise einmal nachhelfen: Am besten nehmen Sie 1 bis 2 Eßlöffel Rizinusöl, das innerhalb von 2 bis 4 Stunden wirkt. Auch Bittersalz oder F. X. Passage, jeweils 1 gehäufter Kaffeelöffel auf ¼ Liter warmes Wasser, morgens, nüchtern, gleich nach dem Aufstehen, ist zweckmäßig. Notfalls wiederholen Sie dies eine Stunde vor dem Mittagessen. Für eine rasche und gründliche Darmentleerung gut geeignet ist auch das Klistier, der Einlauf (→ Seite 76). Dafür gibt es ein sehr handliches Gerät, das Sie gut auf Reisen mitnehmen und auch ohne fremde Hilfe benützen können.

Zum Arzt!

Bei einer akut auftretenden Verstopfung, die von plötzlichen heftigen Beschwerden im Bauch oder am Darmausgang begleitet wird und deren Ursache eine unerwartete Passagebehinderung sein kann, müssen Sie sofort einen Arzt benachrichtigen.

Chronische Verstopfung

Hier liegt die Störung im überforderten Darm (→ Seite 38), und es bedarf anderer Maßnahmen als bei der akuten Verstopfung.

Die Ursachen: Ernährungsfehler und alle damit zusammenhängenden Folgen wie Überdehnung des Darms, Entzündung und Vergiftung der Darmschleimhaut, verkrampfte Darmmuskulatur, verminderte Produktion von Verdauungssäften sowie fehlerhafte oder mangelnde Darmflora sind vorwiegend Ursache für eine chronische Verstopfung.

Trinken Sie 3 Liter Flüssigkeit pro Tag

Häufig wird auch viel zuwenig getrunken, es wird einfach vergessen, das Durstgefühl ist verkümmert. (Wir benötigen mindestens 3 Liter Flüssigkeit täglich!) Denken Sie bitte daran, wenn Ihr Stuhl hart und bröckelig ist: dann nämlich wurde die fehlende Flüssigkeit aus dem Darm gezogen.

Eine Ursache für chronische Verstopfung ist auch der mangelnde Reflex zur Stuhlentleerung: er ist regelrecht verlernt worden. Der Stuhldrang wird häufig ignoriert oder unterdrückt, weil er gerade unpassend ist. Ein Spätaufsteher, der in der Eile womöglich kein Frühstück zu sich nimmt und damit auch den gastrokolischen Reflex nicht in Gang setzt (→ *Magenkrankheiten*, Seite 40), nimmt sich nicht die nötige Zeit, um in

Ruhe aufs Klo zu gehen. Allmählich spürt er gar nicht mehr, daß er überhaupt Stuhldrang hat.

Erst in zweiter Linie spielen andere Ursachen bei der Stuhlverstopfung eine Rolle:

Ursache: Abführmittel

- Medikamentenmißbrauch; zum Beispiel Antibiotika, Schlafmittel, Psychopharmaka, nicht zuletzt sogar Abführmittel (in der Bundesrepublik wurden 1983 220 Millionen Mark dafür ausgegeben).
- Chronische Leber- und Gallenwegserkrankungen: Die Galle wird in der Leber gebildet, sie fördert die Fettverdauung. Die während der Darmpassage entstehenden Gallensäuren verstärken die Peristaltik im Dickdarm.
- Bewegungsmangel.
- Organische Passagebehinderungen durch Mißbildungen oder Tumore.
- Schwangerschaft: Die Auflockerung des Bindegewebes im ganzen Beckenraum kann eine gewisse Schlaffheit des Mastdarmes bewirken.
- Seelische Probleme: Oftmals ist der an Verstopfung Leidende »psychisch verstopft«. Er ist äußerlich ruhig, hält sich zurück, verspannt sich aber innerlich. Der Mangel an äußerer Bewegung entspricht einem Mangel an innerer Bewegung, alles wird zurückgehalten.

Auch daran denken

Dieses Verhalten findet man auch bei Depressiven, deren Stoffwechselfunktionen überhaupt verlangsamt ablaufen. Häufige Ursachen für Verstopfung – besonders bei Frauen – sind sexuelle Schwierigkeiten. Auch zu frühzeitige oder zu strenge Reinlichkeitserziehung kann eine generelle Abneigung gegen Stuhlgang hervorgerufen haben, so daß es zur Gewohnheit wird, den Stuhldrang zu ignorieren. Ein anderer Mechanismus aus der Zeit der Reinlichkeitserziehung kann sich dahingehend eingespielt haben, daß das Kind die Mutter manipuliert hat. Es denkt sich: »Ich gebe nur, wenn Du . . .« Trotz und Eigensinn zuerst der Mutter, später als Erwachsener aber auch der Umwelt gegenüber, können zu einer Verstopfung führen.

Stuhlentleerung geschehen lassen!

»Die Ausscheidung durch den Darm gehört zur Verhaltensproblematik ›Machen oder geschehen lassen‹. Üblich ist das Sichanstrengen beim Stuhlentleeren. Die charakteristischen volkstümlichen Bezeichnungen zeigen den unzweckmäßigen Aufwand drastisch an: ›Drücken‹ und ›Machen‹. Aufgrund der physiologischen Gegebenheiten brauchten wir die Schlacken nur zu entlassen und nicht herauszupressen. ›Drücken‹ ist Ausdruck des Mangels an Vertrauen, daß die Schlacken von sich aus abgehen können. Erinnern Sie sich an die Formen der Reinlichkeitserziehung kleiner Kinder, die man doch oft direkt zum ›Drücken‹ auffordert. Es gibt kaum ein drastischeres Beispiel für Erziehung zu einem Verhalten, welches dem von Natur aus zweckmäßigen genau entgegengesetzt ist« (Heinrich Jacoby).

Die Symptome: Die chronische Verstopfung wird von vielfältigen Symptomen begleitet: Bauchweh (→ Seite 20), Blähungen (→ Seite 22), Rükkenschmerzen, Kopfschmerzen, Müdigkeit, Abgeschlagenheit, Hautausschläge an Rücken und Gesicht.

Was Sie nicht tun sollten: Das Verkehrteste, das Sie bei einer chronischen Verstopfung machen können, ist, regelmäßig Abführmittel einzunehmen. Der Darm gewöhnt sich sehr schnell daran, und Sie müssen zu immer höheren Dosierungen greifen. Abführmittel, egal, ob chemischer

Bitte keine Abführmittel!

oder pflanzlicher Herkunft, reizen die Darmschleimhaut. Vielfach werden Abführtees pflanzlicher Herkunft als unschädlich hingestellt. Sennes und Aloe aber sind geradezu Darmpeitschen! Aus diesem Grund lehne ich auch Abführtees ab. Durch Abführmittel wird der Darm gewaltsam angetrieben. Außerdem gehen wichtige Mineralstoffe wie Kalium und Kalzium verloren (Kalium ist ein wichtiger Mitarbeiter im Zusammenspiel der den Stuhlgang fördernden Faktoren!) Auch die Darmflora (→ Seite 14) wird durch Abführmittel schwer geschädigt. So erweisen sich diese vermeintlichen Hilfen letztlich als Hemmer eines geregelten Stuhlgangs.

Empfehlungen für einen geregelten Tagesablauf: Wollen Sie Ihren Stuhlgang grundlegend wieder in Ordnung bringen, müssen Sie sich um Ihren überforderten Darm kümmern mit allen Konsequenzen, die eine Umstellung Ihrer Eß- und Ernährungsgewohnheiten (→ Seite 58) mit sich bringt.

Das Frühstück ist wichtig

Lassen Sie das Frühstück nicht ausfallen, es ist die wichtigste Mahlzeit des Tages! In den frühen Morgenstunden befindet sich Ihr Verdauungssystem in der ansteigenden Phase seiner Leistungsfähigkeit.

Machen Sie sich ein *Müsli,* variieren Sie das Rezept nach Ihrem Geschmack. Nehmen Sie bitte keine Fertigmüslis.

Müsli-Zubereitung: Sie brauchen Rosinen, Sultaninen oder Korinthen, 3 Mandeln oder 3 Haselnüsse oder 2 Kaffeelöffel Sonnenblumenkerne, grobe Vollkornhaferflocken, 2 Eßlöffel geschroteten Weizen, über Nacht eingeweicht, oder gequollene Weizenkörner, etwas süße Sahne oder Milch, Bioghurt oder Kefir oder Quark, wenig Obst. Mischen Sie alle Zutaten in gewünschter Menge und Zusammensetzung und achten Sie darauf, daß das Müsli nicht zu flüssig wird; je trockener es ist, desto besser können Sie es kauen. Zum Frühstück gegessen, ist es die beste Grundlage für den ganzen Tag!

Nicht hetzen!

Stehen Sie rechtzeitig genug auf, um den Tag ohne Hetze zu beginnen. Decken Sie sich einen schönen Tisch. Die erste Mahlzeit soll Ihnen schmecken. Es sollte auch noch genügend Zeit für eine morgendliche »Sitzung« eingerechnet werden. Machen Sie Ihre Toilette zu einem gemütlichen Aufenthaltsort, damit Sie sich gerne dort niederlassen.

Damit sind wesentliche Verhaltensmaßnahmen angesprochen: Regelmäßigkeit und Pünktlichkeit. Erziehen Sie sich dazu, die Zeiten für Ihre Mahlzeiten, für Ihre Stuhlsitzung möglichst konstant zu halten. Haben Sie Geduld, wenn »es« nicht gleich geht, nach und nach wird sich der Reflex einstellen. Man kann den Darm erziehen: Der Dickdarm hat in den frühen Morgenstunden seine Hauptaktivitätszeit. Dies sollten Sie sich zunutze machen und versuchen, am Morgen eine Entleerung zu erreichen.

Regelmäßig essen

Ich möchte noch einmal auf die regelmäßige Einnahme der Mahlzeiten zurückkommen. Wenn Sie wissen: »Bald ist Essenszeit«, stellen Sie sich auch innerlich auf Verdauung ein; Ihre Säfte bereiten sich vor. Vermeiden Sie unkontrollierte Zwischenmahlzeiten! Essenspausen von 4 bis 5 Stunden ermöglichen Ihrem Magen-Darm-System, sich zu erholen. Und denken Sie daran: morgens wie ein Kaiser . . .

Vollwertkost

Stellen Sie Ihre Ernährung auf biologische Vollwertkost um. Verzichten Sie auf zuviel tierisches Eiweiß. Vermeiden Sie konsequent raffinierte Kohlenhydrate wie Auszugsmehle und Fabrikzucker. Hier muß einem verbreiteten Irrtum vorgebeugt werden: Stuhlverstopfung kann niemals ausschließlich durch den Verzehr von möglichst vielen Ballaststoffen wie Kleie oder Rohkost kuriert werden. Das wäre eine ähnliche Gewaltmaßnahme wie das Einnehmen von Abführmitteln.

Bewegung, Entspannung

Sorgen Sie für genügend Bewegung und Entspannung (→ Seite 70 bis 74), vor allem, wenn Sie den ganzen Tag am Schreibtisch zubringen müssen. Ein kleiner Spaziergang reicht hier nicht aus, Sie müssen mehr tun! Möglicherweise finden Sie Freude am Laufen, am Radfahren, Seilspringen, an Gymnastik, Yoga (→ Seite 70) oder Atemübungen (→ Seite 71). Auch Schwimmen oder Gartenarbeit sind hilfreich. Sie werden jedoch wenig Erfolg haben, wenn Sie sich nur an den Wochenenden betätigen. Am besten stellen Sie sich ein Bewegungsprogramm zusammen, das Sie täglich zu einer bestimmten Tageszeit durchführen. So müssen Sie sich nicht jedesmal neu entscheiden, denn dieses Programm zu dieser Zeit gehört dann zu Ihrem festen Tagesablauf.

Atemübungen

Neigen Sie eher zu spastischer Verstopfung, sind Atemübungen besonders wichtig. Wenn Sie tief in Bauch und Becken atmen lernen, werden Sie sich wie von selbst entspannen. Das autogene Training (→ Seite 73) ist ebenfalls eine Möglichkeit, Spannungszustände zu vermindern.

Vermeiden Sie Hetze und Getriebenheit in Ihrem Alltag. Gönnen Sie sich Ruhepausen, richten Sie sich allmählich so ein, daß Sie zu einem rhythmischen Tagesablauf finden, in dem alles seine Zeit haben darf.

Die Behandlung: Sie sollten baldmöglichst eine Fasten- oder Darmreinigungskur (→ Seite 62 und 65) von mindestens 3 Wochen Dauer planen und sich darauf einstellen, diese zu wiederholen. Es gibt jedoch auch Maßnahmen, die Sie ab sofort zu Hause durchführen können. Sie werden damit aber nur Erfolg haben, wenn Sie sie mit der nötigen Ausdauer und Regelmäßigkeit durchführen.

Trinken Sie nach dem Aufstehen ein Glas angewärmtes Wasser oder Molke (nicht aus dem Kühlschrank!). Trinken Sie auch tagsüber, möglichst stündlich, Wasser oder Kräutertee (→ Seite 86). Alkohol oder Kaffee sind nicht die richtigen Flüssigkeitsspender, sie binden Wasser in Ihrem Körper.

Auch verschiedene Wasseranwendungen können Sie gut zu Hause machen: Reibesitzbäder für Frauen, Rumpfreibebäder für Männer (→ Seite 75), Kneippsche Güsse (→ Seite 75), feuchtheiße Bauchwickel (→ Seite 77) und einen Heublumensack (→ Seite 78) können Sie auflegen.

Es gibt viele Hilfen

Gelegentliche Fasten- oder Milch-Semmel-Diät-Tage (→ Seite 64 und 66), nach Möglichkeit einmal die Woche, sind sehr entlastend. Wenden Sie die Bauchbehandlung nach Rosendorff (→ Seite 69) an und berücksichtigen Sie alle Fastenvorschriften.

Sehr reichhaltig ist die Palette an verdauungsfördernden Tees – nicht an Abführtees! –, die Sie tagsüber stündlich zu sich nehmen können: Kümmel-, Fenchel-, Tausendgüldenkraut-, Anserinentee (→ Seite 81 bis 85). Neigen Sie mehr zu spastischer Verstopfung, trinken Sie den krampflösenden Melissentee (→ Seite 84). Zur Anregung des Gallenflusses sind Tees aus Schafgarbe und Pfefferminze sowie die Teemischungen 3 und 8 (→ Seite 82 und 84) zu empfehlen.

Ärztliche Behandlung

Werden Medikamente notwendig, besprechen Sie diese mit Ihrem Arzt. Vor allem muß eine Sanierung der Darmflora angestrebt werden.

Bei Leberstörungen sind alle Bitterdrogen*, die die Tätigkeit der Leber unterstützen, angezeigt; beispielsweise galletreibende Mittel wie Aristochol. Luvos Heilerde hilft bei der Entgiftung des Darmmilieus.

Homöopathische Mittel (→ Seite 79):

Alumina D 6 (Aluminiumoxid) – bei schmerzhaften und anstrengenden Stuhlsitzungen.

Nux vomica D 4 – bei vergeblichem Stuhldrang und Magen-Darm-Krämpfen.

Plumbum metallicum D 6 – bei spastischer Verstopfung.

Nach den Beschwerden auswählen

Magnesium muriaticum D 6 – bei Bauchschmerzen und übelriechenden Winden.

Collinsonia canadensis D 2 – bei Schwangerschaft.

Zusätzlich können – von Fachkräften durchgeführt – Fußzonenreflexbehandlungen (→ Seite 87) und Neuraltherapie (→ Seite 88) Erleichterung bringen.

Die wichtigsten Maßnahmen zur Behandlung einer chronischen Stuhlverstopfung im Überblick:

- Stuhlgangstraining.
- Umstellung der Eß- und Ernährungsgewohnheiten (→ Seite 58).
- Erziehung zu einem regelmäßigen Tagesablauf.
- Bewegung (→ Seite 70).
- Entspannung (→ Seite 71).

Was tun, wenn alle diese Maßnahmen versagen? Wenn die seelische Zurückhaltung Ihre Körperfunktionen beeinträchtigt? Wenn Sie sich nicht verausgaben und sich nicht hingeben können? Wenn Sie alles in sich hineinfressen? In diesen Situationen ist psychotherapeutische Hilfe (→ Seite 89) angezeigt.

Appetitstörungen

In einem der ältesten Teile unseres Gehirns, dem Hypothalamus, gibt es einen Bereich, in dem die Informationen, die mit der Nahrungsaufnahme zusammenhängen, gesammelt werden. Gleichzeitig leitet das Gehirn auch die Antworten, die diese Informationen sinnvollerweise erfordern, an den Körper weiter. Es handelt sich hier um das Appetit- beziehungsweise Sättigungszentrum, die Schaltzentrale des Regelkreises Nahrungsaufnahme. Vielerlei Faktoren beeinflussen dieses System: die Dehnung des Magens, der Gehalt des Blutes an Fett- und Aminosäuren und an Zucker, die Zusammensetzung der Nahrung, Temperaturänderungen des Körpers und sicher auch die individuelle seelische Verfassung.

Störung im Regelkreis

Vorübergehend kann es eine sehr sinnvolle Maßnahme des Körpers sein, wenn er den Appetit drosselt, zum Beispiel bei hohem Fieber oder verdorbenem Magen. Dies sollte akzeptiert und unterstützt werden.

---

*Droge steht für die getrocknete Pflanze oder den Pflanzenteil, hat also nichts mit der Droge im Sinne der Sucht zu tun.

Mögliche Ursachen

Wann Sie zum Arzt gehen müssen: Wenn anhaltende Appetitstörungen auftreten und geradezu Widerwillen gegen Nahrungsaufnahme oder bestimmte Speisen vorhanden ist; in diesem Fall besteht der Verdacht auf chronische Infekte. Die Störung kann ein Hinweis auf eine allgemeine Verdauungsschwäche sein, auf einen Mangel an Magensaft, auf ein Magengeschwür (→ Seite 43) – das ja nicht immer mit heftigen Schmerzen verbunden sein muß –, auf eine schleichende Bauchspeicheldrüsenentzündung (→ Seite 46), auf Störungen im Leber-Galle-Bereich oder gar auf Tumore, die entweder im Magen-Darm-System oder in einem anderen Körperbereich vorhanden sind. Widerwillen gegen Fleisch ist oft das erste Anzeichen für Krebs. Nicht zu vergessen sind Kummer oder chronische Überforderungen, die uns den »Appetit verschlagen«.

Maßnahmen zur Behandlung: Bei Störungen im Magen-Darm-Bereich, die Ihren Appetit beeinträchtigen, ist nach Ausschluß anderer organisch bedingter Ursachen durch den Arzt folgendes zu tun:

Unterstützung der ärztlichen Therapie

Essen Sie bitte nicht gegen Ihren Appetit, da fließen keine Verdauungssäfte, und der Mund bleibt trocken. Besteht ein ausgesprochen einseitiges Bedürfnis nach Frischkost, nehmen Sie diese nur in ganz kleinen Portionen zu sich. Gute Appetitanreger sind Bitterdrogen, die vielfach auch in Aperitifs enthalten sind. Trinken Sie also Wermut-, Enzian-, Kalmus-, Tausendgüldenkrauttee (der besonders hilfreich ist bei schwacher Magensaftsekretion) oder Engelwurztee oder die Teemischungen 2, 3 oder 8 (→ Seite 80 bis 82 und Seite 84).

Auch Küchenkräuter regen Appetit und Verdauung an!

Ermuntern Sie sich mit sportlicher Betätigung, entspannen Sie sich durch Atemübungen (→ Seite 71) und autogenes Training (→ Seite 73). Machen Sie Kneippsche Güsse (→ Seite 75), Wechselduschen (→ Seite 69), Reibesitzbäder (→ Seite 75) – auch heiße Bauch- und Leberwickel (→ Seite 77) sind nützlich.

Das Einnehmen von Verdauungsfermenten ist nur in solchen Fällen sinnvoll, in denen eine Regeneration der Verdauungsdrüsen nicht mehr zu erwarten ist (zum Beispiel bei schweren Organschädigungen oder bei alten Menschen). Generell sollten Sie sich mit Darmreinigungskuren (→ Seite 65) mit eingeschobenen Fasten- oder Milch-Semmel-Tagen um eine verbesserte Funktion Ihres Verdauungssystems bemühen.

Psychisch bedingte Eßstörungen

Die *Anorexia nervosa* (Magersucht) ist eine schwerwiegende seelische Störung, bei der die Nahrungsaufnahme völlig verweigert oder heimlich erbrochen wird. Die Folge ist extreme Abmagerung mit allen daraus resultierenden Organschädigungen. Hier hilft nur eine psychotherapeutische Behandlung.

Ein Psychotherapeut hilft

Die *Bulimie* (Heißhunger, Vielesserei) ist eine Eßstörung in entgegengesetzter Richtung wie die Anorexie und scheint immer häufiger aufzutreten. Hier stehen Anfälle von Heißhunger im Vordergrund, bei denen die Kranken wahllos alles essen, was erreichbar ist. Anschließend wird alles erbrochen. Auch hier gilt es, eine tieferliegende seelische Störung aufzudecken und mit Hilfe eines Therapeuten oder in Selbsthilfegruppen (Overeaters e. V.) zu lernen, besser mit sich umzugehen.

Keine Appetitzügler!

Wichtig: Appetitzügler sind Medikamente, die als Appetitbremse eingenommen werden, meist von jungen Mädchen oder jungen Frauen, die Angst vor dem Zudickwerden haben und eine Idealfigur anstreben. Vor diesen Mitteln muß dringend gewarnt werden! Sie können schwere gesundheitliche Störungen und körperliche Schädigungen verursachen (→ auch *Durchfall,* Seite 25).

Der überforderte Darm

Der gesunde Darm und seine Aufgaben

Der Dünndarm ist der Ort intensivster Verdauungsvorgänge. Seine Schleimhaut fühlt sich wie Samt an, denn sie ist in unzähligen feinen Zotten (kleine Ausstülpungen der Schleimhaut) blatt- und fingerförmig aufgefaltet. Diese Falten, selbst wieder dicht mit Zotten besetzt, ragen frei in die Dünndarm-Lichtung hinein und vergrößern so die Oberfläche der Schleimhaut um ein Vielfaches. (Die Fläche der Schleimhaut soll 200 m^2 betragen.) Ich erinnere mein Staunen, als ich erfuhr, daß diese Zotten sich bewegen und rhythmisch zusammenziehen können. In den oberen, an den Magen anschließenden Teil des Dünndarms, den Zwölffingerdarm, geben Bauchspeicheldrüse und Leber in Form der Galle ihre Verdauungssäfte ab. Diese schließen Fette, Eiweiß und Kohlenhydrate auf.

Weitere Verdauungssäfte, die die Endverdauung dieser Substanzen besorgen, stammen aus den zahlreichen Drüsen der Darmzotten. Die Zotten selbst sind die Organe für die Aufnahme der Nahrungsbausteine in die Blut- und Lymphbahn. Am Zottengrund gibt es Drüsen, die Stoffwechselabfälle ausscheiden; ein Vorgang, der häufig als Fähigkeit des Darms nicht beachtet wird. Das komplizierte Zusammenspiel dieser Vorgänge wird gesteuert von zahlreichen Gewebshormonen und feinsten Nerven, die im Muskel und in der Schleimhaut des Dünndarms enden.

Wenn wir uns klarmachen, wie fein all diese Organe sind, welch differenzierter Mechanismen es bedarf, um die Verdauung, den »Wechsel des Stoffes« (→ Seite 12), zu ermöglichen, werden wir uns fragen müssen, wie wir damit umgehen. Und wir werden uns nicht mehr wundern, wenn wir erfahren, daß unsere Därme häufiger, als wir zu glauben bereit sind, nicht mehr arbeiten können: Sie sind überfordert. Und das sieht man auf keinem Röntgenbild!

Überforderung wird nicht bemerkt

Der Schmerz, ein wichtiges Signal dafür, daß etwas nicht in Ordnung ist, fehlt hier meist; so bleibt diese Störung unbemerkt. Die Betroffenen sagen: »Ich habe täglich Stuhlgang. Mein Appetit ist gut. Ich kann alles essen. Manchmal habe ich zwar Blähungen, aber das gehört wohl dazu. Ich kann mir nicht vorstellen, daß mein Darm nicht in Ordnung ist.«

Es ist das Verdienst des österreichischen Arztes Dr. F. X. Mayr (1875 bis 1965), den »überforderten Darm« trotz subjektiv meist fehlender Beschwerden als Zivilisationskrankheit Nummer eins entdeckt zu haben. Mayr, ein Bauernkind aus der Steiermark, hat sich zeitlebens ein unverbildetes Beobachtungsvermögen bewahrt. Nachdem er weder in Universitätsbibliotheken noch auf Befragen seiner Lehrer Informationen über Gesundheit oder Krankheit des Darms und deren Anzeichen bekommen konnte, hat er selbst Nachforschungen angestellt und folgendes erkannt:

Ursachen, äußere Zeichen und Folgen

Unser Magen-Darm-System ist kontinuierlich überlastet. Von einer Trägheit zu sprechen, ist geradezu Hohn. Wer träge ist, tut weniger, als er wirklich leisten kann. Wer aber überfordert ist, kann nicht mehr, er hat zu viel getan. Dies ist der Grund, warum unser Darm krank ist: Er leidet an einem Erschöpfungszustand und muß doch immer weiterarbeiten. Dies hat zur Folge, daß alles Unverdaute zum Gift wird – nicht nur für den Darm, sondern für den ganzen Körper. Man spricht dann von einer Selbstvergiftung (Autointoxikation) und davon, daß der Darm ein Krankheitsherd sei, also ein Ort, von dem Krankheit ausgehe.

Selbstvergiftung

Wenn Patienten also sagen, mit ihrer Verdauung sei alles in Ordnung, kann ein erfahrener Arzt sofort erkennen »das stimmt nicht!«. Dr. F. X. Mayr hat Kriterien für einen gesunden Darm erarbeitet (→ *Der gesunde Bauch,* Seite 17); im Vergleich mit diesen ist der kranke Bauch unschwer zu erkennen:

Der kranke Bauch

Das Relief des Bauches ist verschwunden, die U-Delle und die Rille über dem Nabel sind nicht mehr erkennbar. Der Bauch ist zu groß, gebläht, zu prall, hängt entweder schlaff oder ist spastisch eingezogen. Beim Betasten liegen die Därme an falscher Stelle, sind ausgeleiert oder hart. Am ganzen Bauch finden sich Bereiche, die stark druckschmerzhaft reagieren.

Mit geübtem Blick läßt sich eine Darmstörung auch an entfernter liegenden Körperbereichen erkennen: Der Brustkorb ist in seiner Form verändert, die Rippen haben »Buckel«, sie verharren in einer Fehlstellung, das Brustbein ist nach vorne hochgehoben (→ *Verdauungssystem und Atmung,* Seite 16).

Auch die Wirbelsäule zeigt Merkmale, die sie als mitbetroffen ausweisen: Sie muß die Körperbalance halten, also Gewichtsverschiebungen oder Veränderungen im übrigen Skelett ausgleichen. Auf einen Bauch, der mit seinem ganzen Gewicht unter dem Nabel hängt, reagiert sie mit einem Hohlkreuz; dadurch entsteht zum Beispiel eine »Entenhaltung«.

Des weiteren sind Haut und sichtbare Schleimhäute, Haare, Nägel, auch der Zustand der Beine (zum Beispiel gestaut oder Krampfadern), Kennzeichen für einen überforderten Darm.

Das passiert, wenn wir zu viel essen

Offensichtlich ist es den meisten Menschen gar nicht klar, daß sie ihrem Darm ständig zuviel zumuten: Sie essen viel zu große Mengen – der Sättigungsreflex funktioniert nicht mehr – sie essen viel zu oft, häufig auch spät am Abend, wenn das Verdauungssystem schon auf Ruhe umgeschaltet hat. Das Überangebot an Speisen, meist noch schlecht gekaut, schafft denkbar schlechte Voraussetzungen für die Aufbereitung der Nahrung durch die Verdauungssäfte. Der zeitgerechte Weitertransport des Speisebreis ist dadurch unterbunden, die Speisen bleiben in dem überdehnten Darm liegen. Nahrungsmittel, die in der Wärme herumstehen, werden schlecht, sie gären, sie faulen. Dasselbe geschieht im kranken Darm. Es entstehen Gifte, die nicht nur der Schleimhaut erheblich zusetzen, sondern auch den übrigen Organismus schädigen. Denn eine kranke Schleimhaut nimmt auch vermehrt Nahrungsbruchstücke auf, die sie normalerweise als körperfremd zurückweisen würde. So werden nicht nur zunehmend Giftstoffe aufgenommen, es entsteht auch die Gefahr einer allmählich sich entwickelnden Überempfindlichkeit auf bestimmte

Nahrungsmittel. Dies kann zu Allergien führen, die letztlich ihren Ursprung im Darm haben.

Der Körper wird nicht mehr entgiftet

Darüber hinaus ist die Schleimhaut nicht mehr in der Lage, Stoffwechselschlacken in den Darm hinein auszuscheiden. Es muß zu einer Überschwemmung des Körpers mit Giftstoffen kommen, zur Autointoxikation. Alle Zellen unseres Körpers sind davon betroffen, denn unser Organismus hat nur begrenzte Möglichkeiten, diese Substanzen auszuscheiden. Die Leber als größtes Entgiftungsorgan unseres Körpers wird durch zunehmende Überbelastung geschädigt. Das weiche Bindegewebe, das alle Körperzellen umgibt und in das letztlich alle Körpersäfte einmünden (Blut, Lymphe und Gewebshormone), wird als »Filter« unbrauchbar, da es von den Giftablagerungen verstopft ist.

Alle diese Vorgänge sind schleichend, deshalb dauert es oft Jahre, bis wir sie bemerken.

So können chronische Entzündungen, Anfälligkeit für Infektionen, hormonelle Störungen, Unterfunktion von Drüsen und vieles andere mehr die Folge einer Überforderung des Darmes sein.

Magenkrankheiten

Die geschilderten Symptome (→ Seite 20 bis 40) können Hinweise sein für Magen-Darm-Krankheiten. Damit Sie Entwicklung und Ausprägung einer Erkrankung besser verstehen, erkläre ich stets kurz das Zusammenspiel von Anatomie und Funktion im gesunden Magen-Darm-System.

Nach der Passage durch die Speiseröhre ist der Magen die erste Station für den Speisebrei. Wie lange er im Magen bleibt, hängt vor allem von seiner Zusammensetzung, natürlich aber auch von seiner Menge ab. Milchnahrung beispielsweise ist nur 1 bis 2 Stunden im Magen, gemischte Kost bis zu 4 Stunden, sehr Fettes oft mehr als 5 Stunden.

Der gesunde Magen und seine Aufgaben

Kräftige Muskelbewegungen des Magens durchmischen den Speisebrei mit dem Magensaft. Diese peristaltischen Wellen sind auch im nüchternen Zustand vorhanden und werden durch Insulin (ein Hormon der Bauchspeicheldrüse), das bei Erhöhung der Blutzuckerkonzentration ausgeschüttet wird, verstärkt.

Der Magensaft ist eine Flüssigkeit von stark saurer Reaktion. Er enthält hauptsächlich Salzsäure, ein eiweißverdauendes Ferment und in großen Mengen Schleim zum Schutz der Magenschleimhaut. Die Sekretion (Ausscheidung, Absonderung) des Magensaftes – 1 bis 2 Liter täglich – setzt bereits ein, wenn wir nur ans Essen denken oder gerade anfangen, den ersten Bissen zu kauen. Im Magen selbst bringen chemische Reize und hormonartige Substanzen den Magensaft zum Fließen.

Der aufbereitete Speisebrei wird in kleinen Portionen durch den Magenpförtner, das ist ein kräftiger Ringmuskel am Magenausgang, in den Zwölffingerdarm gepreßt. Dies geschieht aber nur, wenn der vorhergehende Schub Platz gemacht hat. Es ist noch interessant zu wissen, daß ein am unteren Ende des Dickdarms die Peristaltik verstärkender Reflex ausgelöst wird, wenn der Magen Nahrung aufnimmt (gastrokolischer Reflex, → Seite 32). Es ergeht die Meldung: Bitte Platz für Neues!

Wie wir mit dem Magen reagieren

Im ganzen Verdauungstrakt ist der Magen das Organ, das am deutlichsten für uns wahrnehmbar ist: Wir spüren, wenn uns etwas »schwer im Magen liegt« oder wenn uns beim Erbrechen seine heftigen Muskelbewegungen zu schaffen machen. Peristaltik und das Fließen der Säfte werden wesentlich durch Freude am Essen und durch eine gelöste Atmosphäre während der Mahlzeit gefördert; nicht zuletzt auch durch gutes Kauen. Andererseits kann uns der Anblick einer unappetitlichen Speise den Appetit verschlagen, ebenso, wenn uns etwas bekümmert. Einer meiner Freunde bemerkte immer erst dann, wenn er Magenschmerzen bekam, daß er sich geärgert hatte oder ihm etwas zuviel war.

Der Magen ist also außerordentlich empfänglich für gefühlsmäßige Einflüsse. Vor allem scheinen es diejenigen Gefühle zu sein, die nicht ausgedrückt werden, die man »in sich hineinfrißt«, wie Ärger, Überforderung, Ehrgeiz.

Der empfindliche Magen (Reizmagen)

Ursachen und Beschwerden: Der Magen ist gereizt, er tut häufig einmal weh. Ursächlich für einen Reizmagen kann sein, daß Sie zuviel, zu hastig, zu kalt, zu heiß, zu fett oder zuviel durcheinander essen; daß Ihr Magen Kaffee, Alkohol und Zigaretten nicht verträgt oder Sie in irgendeiner Weise gereizt sind.

Beschwerden in vielerlei Ausprägung

Die Beschwerden reichen von einem dumpfen Gefühl im Oberbauch über bohrende Schmerzen bis zu schweren Krämpfen. Der Schmerz steht häufig in keinem Verhältnis zur Ursache oder zum organischen Befund, den der Arzt feststellen konnte. Eventuell entlastet sich Ihr Magen selbst durch Erbrechen; für den Fall, daß Sie zuviel gegessen haben, ist dies eine sinnvolle Maßnahme zur Selbstheilung.

Die Behandlung: Legen Sie sich ins Bett, machen Sie sich einen heißen Bauchwickel (→ Seite 77), verzichten Sie einen Tag lang auf Essen. Nehmen Sie kaffeelöffelweise Kamillen-, Pfefferminz- oder Tausendgüldenkrauttee (→ Seite 81 und 84) oder Teemischung 1, 2 oder 10 (→ Seite 81 und 85). Fragen Sie sich selbst nach der Ursache. War es ein unbekömmliches Essen, wird sich das rasch aufklären. Nicht immer ist es so einfach herauszufinden, wo Sie Ihren Ärger geschluckt haben, wo Sie sich über sich hinweggesetzt und erst zu spät bemerkt haben, daß Sie sich zuviel zugemutet hatten.

Wann Sie zum Arzt gehen müssen: Wenn solche Magenstörungen anhaltend und immer häufiger auftreten, besteht der Verdacht auf eine Magenschleimhautentzündung. Hier müssen Sie das weitere Vorgehen mit dem Arzt besprechen.

Magenschleimhautentzündung (Gastritis)

Die häufigste Erkrankung des Magens

Die Entzündung der Magenschleimhaut ist die häufigste Magenerkrankung. Treten solche Entzündungen chronisch auf, kann es zu einer schweren Schädigung der Magenschleimhaut kommen, die dann nicht mehr in der Lage ist, Säure in genügender Menge zu produzieren.

Ursachen und Beschwerden: Alle beim Reizmagen aufgeführten Ernährungsfehler, aber auch eine besondere Empfindlichkeit gegen Milch oder anderes tierische Eiweiß können hier ursächlich sein. Seelische Probleme oder nervöse Reizbarkeit sind zudem verstärkt vorhanden, was meist erhöhten Kaffee-, Alkohol- und Zigaretten-Konsum nach sich zieht.

Die Entzündung äußert sich – je nach Schwere der Erkrankung – durch Sodbrennen (→ Seite 23), Magenschmerzen, Übelkeit (→ Seite 22), Erbrechen (→ Seite 24), Blähungen (→ Seite 22), Krämpfe, Durchfall (→ Seite 25) oder Verstopfung (→ Seite 31).

Die Diagnose stellt der Arzt!

Die akute Entzündung kann mit heftigen Symptomen einsetzen wie Appetitlosigkeit, Schmerzen im Oberbauch, Krämpfen, Übelkeit, Erbrechen, Durchfall, auch Verstopfung, Blähungen, starkem Sodbrennen – je nach Schwere der Erkrankung. Bei der chronischen Entzündung sind diese Beschwerden wechselnd und in vielen Fällen auch weniger ausgeprägt vorhanden.

Die Behandlung: Sie brauchen unbedingt einige Tage Bettruhe. Die gleichmäßige Wärme und das Herausgenommensein aus dem Alltäglichen sind die wichtigsten Maßnahmen. Fasten Sie ein oder zwei Tage (→ Seite 64) und gehen Sie dann, je nach Verträglichkeit und Appetit, auf die Milch-Semmel-Diät (→ Seite 66) oder Haferschleim über. Kauen Sie sehr gründlich. Mit zunehmender Besserung können Sie auch wieder normal essen. Unverträgliche und schwerverdauliche Nahrung wie Süßigkeiten, Geräuchertes, Alkohol, zu Kaltes, zu Heißes, in Fett Gebratenes müssen Sie meiden. Stellen Sie Ihre Ernährung auf vollwertige biologische Kost um (→ Seite 58). Wenn Sie entsprechend gut kauen, dürfen Sie auch Rohes essen. Man ist heute völlig von der Magenschonkost abgekommen.

Ernährungsumstellung

Als schmerz- und krampflösende Tees sind Kamillen- und Pfefferminztee (→ Seite 84) zu empfehlen, generell als Magenmittel Tees aus Schafgarbe, Tausendgüldenkraut und Wermut (→ Seite 81 und 82). Bei Magenbrennen und Krämpfen bewährt sich Anserinentee (→ Seite 85). Trinken Sie die Tees nicht zu heiß, und langsam schluckweise. An Teemischungen eignen sich 7, 9 und 11 (→ Seite 84 und 85).

Mindestens einmal täglich, am besten morgens auf nüchternen Magen, sollten Sie eine Tasse gequollenen Leinsamen einnehmen (→ Seite 80), kaffeelöffelweise und leicht angewärmt. Bei kolikartigen Schmerzen hilft Johannisöl (→ Seite 85), stündlich ein Kaffeelöffel. Auch die Einnahme von Heilerde, 3mal täglich ein Kaffeelöffel, dient dem Schutz Ihrer Schleimhaut.

Wenn Sie leicht zu Magenschleimhautentzündungen neigen, sollten Sie einen kleinen Vorrat Kalmuswurzel (→ Seite 82) mit sich führen und tagsüber mehrmals ein Stückchen davon kauen. Um eine grundlegende Verbesserung zu erzielen, unterziehen Sie sich nach Abklingen der akuten Entzündung einer Darmreinigungskur (→ Seite 65).

Homöopathische Komplexmittel: Isostoma, stündlich eine Tablette, oder Gastritol (nach Vorschrift).

Homöopathische Mittel (→ Seite 79): Sie müssen gut ausgewählt werden, beachten Sie dabei genau Ihre Symptome!

Nux vomica D 6 (Strychnos nux vomica) – für gereizte, »saure« Patienten, die bei Verdruß und Überarbeitung leicht zuviel Kaffee, Alkohol und Zigaretten konsumieren und eher zu Verstopfung neigen.

Nach den Beschwerden auswählen

Ignatia D 6 (Strychnos ignatii) – bei Beschwerden, die nach seelischem Trauma wie Kummer und Enttäuschung auftreten; wenn alles auf den Magen schlägt, die Stimmung häufig wechselt und der Bissen im Hals steckenbleibt. Bei der akuten Entzündung stehen Magenschmerzen und Erbrechen im Vordergrund, abends bessern sich die Beschwerden – 5mal 5 Tropfen über den Tag verteilt einnehmen.

Magnesium phosphoricum D 4 – bei Krämpfen und starkem Bedürfnis nach Wärme – im akuten Stadium nehmen Sie stündlich eine Gabe.

Belladonna D 6 (Atropa belladonna) – bei plötzlicher Magenkolik, rotem Kopf, hochempfindlichem Magen, Durstgefühl.

Carbo vegetabilis D 4 oder D 6 – bei krampfartigen Beschwerden, wenn sie zusammen mit Aufstoßen von säuerlich schmeckendem Mageninhalt und Blähungen auftreten.

Antimonium crudum D 4 (Stibium sulfuratum nigrum) – bei großer Übelkeit, bei der Erbrechen keine Erleichterung bringt; bei schleimigem Durchfall, der mit Verstopfung wechselt.

Robinia D 6 – bei Sodbrennen, saurem Aufstoßen und saurem Erbrechen; wenn sich die Beschwerden durch Essen bessern.

Staphisagria D 6 (Delphinium staphisagria) – bei Kränkungen und angestautem Ärger; wenn eine Neigung zu Verstopfung besteht; bei krampfartigen Magenbeschwerden.

Von Fachleuten durchgeführte Neuraltherapie (→ Seite 88) und Fußzonenreflexmassagen (→ Seite 87) sollten Ihre Bemühungen ergänzen.

Regelmäßigkeit, keine Hetze

Empfehlungen für einen geregelten Tagesablauf: Wenn Sie häufig zu Magenschleimhautentzündungen neigen, müssen Sie sich bemühen, einen möglichst regelmäßigen Tagesablauf einzuhalten und regelmäßig zu essen. Nehmen Sie Ihre Mahlzeiten ohne Hast ein, und kauen Sie gründlich. Wichtig sind auch die streng einzuhaltenden Essenspausen zwischen den Mahlzeiten.

Zum Abbau Ihrer Übererregbarkeit sind Atemübungen (→ Seite 71) und autogenes Training (→ Seite 73) empfehlenswert. Um Ärger oder alten Kummer loszuwerden, sollten Sie versuchen, manches auszusprechen, was Sie aus falscher Scheu zurückhalten. Wenn Sie mit solchen Problemen alleine nicht zurechtkommen, kann Ihnen vielleicht psychotherapeutische Hilfe (→ Seite 89) zu einem befriedigenden Umgang mit sich selbst verhelfen.

Ein Psychotherapeut hilft

Wann Sie zum Arzt gehen müssen: Wenn sich Magenstörungen hartnäckig über längere Zeit nicht auskurieren lassen. Nach Art der Beschwerden kann häufig keine eindeutige Diagnose gestellt werden. Es muß vermieden werden, daß ein Magengeschwür oder ein Geschwür am Zwölffingerdarm oder etwas Ernsteres übersehen wird.

Magen- und Zwölffingerdarmgeschwür (Ulcus ventriculi und Ulcus duodeni)

Ein Geschwür ist ein Schleimhautdefekt, der je nach Ausdehnung und Tiefe bis in die Muskelschicht der Schleimhaut reichen und im schlimmsten Fall diese auch durchbrechen kann. Dann kommt es zu einer akuten, lebensbedrohenden Blutung, und der Inhalt von Magen- beziehungsweise Zwölffingerdarm gelangt in die Bauchhöhle.

Der Zwölffingerdarm, das an den Magen anschließende Stück des Dünndarms, hat etwa die Länge von 12 Fingerbreiten (daher der Name). Geformt wie ein großes C, umfaßt er den Kopf der Bauchspeicheldrüse, die mit ihrem Ausführungsgang – zusammen mit dem der Gallenblase – in dieses Darmstück mündet. Das äußerst fein aufeinander abgestimmte Zusammenspiel von Magen und Zwölffingerdarm bewirkt, daß Störungen im Magen auch den Zwölffingerdarm in Mitleidenschaft ziehen. Die Entstehung eines Geschwürs hängt mit einer Störung all jener Faktoren zusammen, die Peristaltik (→ Seite 13) und ein Zuviel oder Zuwenig des Säfteflusses beeinflussen. Das Auftreten der Schmerzen hat mit einer Überproduktion an Magensäure zu tun. Man kann sich aber auch vorstellen, daß die Schutzfunktionen der Schleimhaut gegen die Einwirkungen der Magensäure gestört sind. Bei dieser Überlegung geht man davon aus, daß sich bei anhaltenden seelischen Belastungen die Ringmuskeln des Magenpförtners verkrampfen. Dies hat eine Durchblutungsstörung der Magenschleimhaut zur Folge, was sie angreifbar macht durch Magensäure.

So entsteht ein Geschwür

Ursachen und Beschwerden: Die Ursachen für die Entstehung eines Magen- oder Zwölffingerdarmgeschwürs sind identisch mit denjenigen der Magenschleimhautentzündung: Unbekömmliche Nahrungsmittel, Hast, unregelmäßige Eßgewohnheiten (Schichtarbeiter leiden häufig unter Magengeschwüren), Ängste, gesteigerte Erregbarkeit. Nicht zum Ausdruck gebrachte Emotionen sind leider oftmals mit erhöhtem Alkoholkonsum verbunden, was die Anfälligkeit für ein Geschwür drastisch steigert.

Raucher sind stark gefährdet

Raucher haben doppelt so oft Geschwüre wie Nichtraucher. Das Nikotin beschleunigt die Magenentleerung und vermindert die Sekretion des basischen Verdauungssaftes aus der Bauchspeicheldrüse. Die Durchblutung der Magenschleimhaut wird gedrosselt, so daß die Produktion des Schutzschleimes für die Schleimhaut gestört ist.

Die Beschwerden beim Magen- und Zwölffingerdarmgeschwür treten in zeitlicher Abhängigkeit von der Einnahme der Mahlzeiten auf. Beim Magengeschwür kommen die Schmerzen sofort nach dem Essen, beim Zwölffingerdarmgeschwür leidet man unter dem »Nüchternschmerz«, der sich durch Nahrungsaufnahme sofort bessern kann. Oft wachen diese Patienten in der Nacht mit heftigen Schmerzen im Oberbauch auf; mit einem Stück Brot lassen sich die Beschwerden lindern. Sodbrennen (→ Seite 23), saures Aufstoßen, häufig auch Verstopfung (→ Seite 31) können weitere Symptome sein.

Behandlung durch den Arzt

Wann Sie zum Arzt gehen müssen: Wenn Sie ein Geschwür ausheilen wollen, sollten Sie das weitere Vorgehen unbedingt mit Ihrem Arzt besprechen. In jedem Fall ist es sinnvoll, für einige Zeit Ihre gewohnte, Sie wahrscheinlich belastende Umgebung zu verlassen.

Die Behandlung: Alle Maßnahmen und Medikamente, die bei der Magenschleimhautentzündung (→ Seite 41) beschrieben sind, helfen auch hier. Die therapeutischen Maßnahmen müssen jedoch über einen längeren Zeitraum durchgeführt werden. Folgendes ist zusätzlich zu beachten: Eine eventuelle Verstopfung können Sie im akuten Fall vorübergehend mit Rizinusöl angehen – Sie nehmen 1 bis 2 Eßlöffel ein – oder mit einem oder mehreren Einläufen (→ Seite 76).

Unterstützende Maßnahmen

Während der Zeit der stärksten Beschwerden sollten Sie sehr leicht verdauliches Essen, gründlich gekaut, bevorzugen. Kurzzeitig können Sie wieder mit Milch-Semmel-Diät, Haferschleim- und/oder Basensuppe (→ Rezept Seite 66 und 68) beginnen. Sie spüren selbst am besten, wann Sie wieder etwas kräftigere Kost vertragen. Was Sie in jedem Fall vermeiden sollten sind Hülsenfrüchte, gekochter Kohl, frisches Brot, zu grobe Vollkornbrote, fette Backwaren, panierte Speisen, Weißmehl, Fabrikzucker, Süßigkeiten, Bohnenkaffee, Alkohol und Zigaretten. Fasten beim Magengeschwür ist schädlich!

Akute Schmerzen behandeln Sie mit den bei der Magenschleimhautentzündung angegebenen homöopathischen Mitteln (→ Seite 42 und 43) oder mit dem Komplexmittel Isostoma – stündlich eine Tablette.

Lokal lassen sich die Schmerzen mit einem heißen Leibwickel mit oder ohne Kamille (→ Seite 77) oder mit einem heißen Heublumensack (→ Seite 78) mildern. Des weiteren sollten Sie eine *Rollkur mit Kamillentee* durchführen. Hierfür bereiten Sie einen stärkeren Kamillentee als zum Trinken.

Zubereitung von Kamillentee, die Rollkur: 1 gehäuften Eßlöffel Kamille mit ½ Liter kochendem Wasser übergießen, 10 Minuten ziehen lassen, abgießen. Trinken Sie diesen Tee innerhalb von 10 bis 20 Minuten, nüchtern, morgens im Bett. Anschließend legen Sie sich 10 Minuten auf den Rücken, 10 Minuten auf die *linke* Seite (Wichtig! Wenn Sie rechts beginnen, läuft der Tee sofort durch den Pförtner aus dem Magen), 10 Minuten auf den Bauch und 10 Minuten auf die *rechte* Seite. Auf diese Weise kann der Kamillentee alle Teile des gereizten und entzündeten Magens erreichen und auf sie einwirken. Diese Rollkur führen Sie 10 bis 14 Tage lang täglich durch, auch wenn Sie keine Schmerzen mehr haben.

Zusätzlich zu den bei Magenschleimhautentzündungen empfohlenen Tees können Sie auch eine Trinkkur mit rohem Kartoffel- oder Weißkohlsaft (→ Seite 86) durchführen, den Sie jedesmal frisch pressen. Diesen Saft mischen Sie zu gleichen Teilen mit Leinsamen, der über Nacht eingeweicht wurde, und nehmen dreimal täglich eine Tasse davon lauwarm vor den Mahlzeiten. Es kommt entscheidend darauf an, daß Sie diese Arznei *nicht trinken, sondern gut kauen und einspeicheln.*

Entspannung

Wenn Ihnen Entspannungs- und Atemübungen (→ Seite 71) geläufig sind oder wenn Sie das autogene Training (→ Seite 73) beherrschen, üben Sie dies mehrmals täglich. Neuraltherapie (→ Seite 88), vom Arzt durchgeführt, und vorsichtige Fußzonenreflexbehandlung durch einen Fachmann (→ Seite 87) ergänzen die Behandlung.

Auch die Seele »heilen«!

Magen- und Zwölffingerdarmgeschwür sind typische Beispiele für eine psychosomatische Krankheit. Alle hier besprochenen Maßnahmen sind vergebens, wenn nicht gleichzeitig die im seelischen Bereich liegenden Ursachen in die Behandlung einbezogen werden. Immer wieder kommt es bei solchen Patienten vor, daß die Entzündung im Krankenhaus zwar relativ schnell abklingt, zu Hause aber, in der die Kranken belastenden Umgebung, die alten Symptome wieder auftreten. Die seelische Therapie kann kaum in dem Zeitraum abgeschlossen sein, in dem das Geschwür abgeheilt ist, und sollte unbedingt auch nach Abklingen der akuten Erscheinungen fortgesetzt werden.

Rückfälle verhindern

Vorbeugende Maßnahmen: Ist das akute Stadium des Magen- oder Zwölffingerdarmgeschwürs überstanden, müssen Sie vorbeugende Maßnahmen einleiten. Beide Geschwüre werden leicht chronisch, es kommt häufig zu Rückfällen. Darmreinigungskuren (→ Seite 65), Umstellung der Ernährungsgewohnheiten (→ Seite 58), das Bemühen um einen regelmäßigen Tagesablauf und Rücksicht im Umgang mit sich selbst tragen zu einer ausgeglicheneren Gemütslage bei.

Immer wieder auftretende Konfliktsituationen im Beruf oder im persönlichen Bereich sollten Sie auch immer wieder mit Hilfe eines Therapeuten zu klären versuchen.

Entzündung der Bauchspeicheldrüse (Pankreatitis)

Wenn Leber und Gallenblase erkrankt sind

Die Bauchspeicheldrüse ist ein längliches, quer im linken Oberbauch liegendes Organ, dessen Kopfstück hufeisenförmig vom Zwölffingerdarm umschlossen wird. Ihr Ausführungsgang mündet gemeinsam mit dem Gallengang, der aus der Leber kommt, in den Zwölffingerdarm. Dies ist mit ein Grund, warum Erkrankungen von Leber und Gallenblase häufig zur Miterkrankung der Bauchspeicheldrüse führen.

Der sehr dünnflüssige Verdauungssaft aus der Bauchspeicheldrüse enthält Fermente für die Verdauung von Eiweiß, Kohlenhydraten und Fett, die aber erst im Darm in ihre wirksame Form übergeführt werden. In den Inselzellen der Bauchspeicheldrüse wird das Insulin gebildet, das direkt ins Blut gelangt und für den Kohlenhydratstoffwechsel von großer Bedeutung ist.

Symptome und Ursachen: Bei Durchfällen, die begleitet sind von starken Schmerzattacken im Oberbauch, die sich gürtelartig um den Leib legen oder nach rechts oder links in den Rücken ausstrahlen, kann es sich um eine *akute Bauchspeicheldrüsenentzündung* handeln. Sie kann sehr plötzlich nach großem Streß und starkem Ärger auftreten, ist aber im allgemeinen eine Folge chronischer Gallenwegserkrankungen. Auch Alkohol, längere Zeit im Übermaß genossen, gilt als Ursache für diese Entzündung.

Wichtig!

Wann Sie einen Arzt rufen müssen: Wenn neben dem akuten Schmerz und dem Durchfall zunehmende Unverträglichkeit von Essen und starke Übelkeit auftreten, ist rasche ärztliche Hilfe angezeigt.

Chronisch wiederkehrende Entzündungen der Bauchspeicheldrüse erfordern eine grundlegende Sanierung der Darmverhältnisse durch Fasten (→ Seite 62) oder Darmreinigungskuren (→ Seite 65) und eine Veränderung der Eßgewohnheiten. Zusätzlich ist eine Behandlung der Darmflora notwendig (→ Seite 88).

Täglich durchgeführte Reibesitzbäder oder Rumpfreibebäder (→ Seite 75) unterstützen diese Maßnahmen. Heiße Bauch- oder Leberwickel (→ Seite 77) fördern Durchwärmung und Durchblutung des Organs.

Homöopathische Mittel (→ Seite 79):

Phosphor D 10 – bei Durchfall, Erbrechen und gleichzeitigem Heißhunger; bei Durst auf kaltes Wasser.

Nach den Beschwerden auswählen

Belladonna D 6 (Atropa belladonna) – bei Krämpfen, die plötzlich kommen und gehen.

Iris versicolor D 8 – wenn Übelkeit und Brechreiz, bitteres Aufstoßen und kolikartige Durchfälle im Vordergrund stehen.

Colocynthis D 6 (Citrullus colocynthis) – bei blitzartig einschießenden Schmerzen, bei denen Zusammenkrümmen Erleichterung bringt.

Eichhornia D 2 – ist ein ganz spezielles Mittel für die Bauchspeicheldrüse.

Homöopathische Komplexmittel:

Remedium Pankreatis EKF (nach Vorschrift).

Blinddarmentzündung (Appendizitis)

Der im Volksmund gebräuchliche Ausdruck »Blinddarm« ist eigentlich die Bezeichnung für den »Wurmfortsatz« (Appendix). Er ist etwa 14 cm lang und hängt am blinden Ende des Dickdarms im rechten Unterbauch, dort, wo der Dünndarm in die seitliche Wand des Dickdarms mündet. Da der Wurmfortsatz reichlich mit Lymphorganen ausgestattet ist, wird er auch »Darmmandel« genannt. Dieser Wurmfortsatz ist das eigentliche Corpus delicti bei einer Blinddarmreizung oder -entzündung, die meist durch Bakterien hervorgerufen wird. Er wird auch im Falle einer Operation herausgenommen.

Liegt eine eitrige Entzündung vor, kann er, sofern das nicht rechtzeitig bemerkt wird, platzen, seinen Inhalt in die Bauchhöhle ergießen, wodurch eine schwere Bauchfellentzündung hervorgerufen wird.

Die *Blinddarmreizung* ist eine leichte Entzündung des Wurmfortsatzes.

Sofort zum Arzt!

Die Symptome: Sie spüren ein leichtes Ziehen im rechten Unterbauch, haben unter Stuhlunregelmäßigkeiten oder unter einem Wechsel zwischen Durchfall und Verstopfung zu leiden.

Die Behandlung: Bitte stellen Sie sich schon bei diesen verhältnismäßig geringen Beschwerden dem Arzt vor, da sich rasch eine Entzündung entwickeln kann. Hier bewähren sich einige Fastentage (→ Seite 64), verbunden mit der Einnahme von Bittersalz (morgens nüchtern 1 Kaffeelöffel Salz auf ¼ Liter warmes Wasser) und Einlaufserien (→ Seite 76). Legen Sie sich einen Eisbeutel auf die schmerzende Gegend im rechten Unterbauch. Eine Wärmflasche oder eine feuchtheiße Auflage wäre hier völlig falsch, das würde den Entzündungsvorgang nur beschleunigen!

Homöopathische Mittel (→ Seite 79):

Belladonna D 6 und Bryonia D 6 (Bryonia dioica) – in stündlichem Wechsel; bei stechenden Schmerzen zusätzlich Apis D 4. Diese Medikamente können Sie auch, in etwas Wasser gegeben, mit einer Einmalspritze wie ein kleines Klistier in den Darm füllen.

Lachesis D 12 – bei Erbrechen, Übelkeit und Frösteln.

Ist eine *akute Blinddarmentzündung* im Anzug, werden die Zeichen deutlicher.

Die Symptome: Fieber, Erbrechen, Übelkeit, Bauchkrämpfe. Der starke Schmerz kann Sie veranlassen, sich nach vorne zu krümmen und die Beine anzuziehen: eine reflektorisch ausgelöste Maßnahme, die die

Spannung im Bauchfell (Peritoneum) und dadurch den Schmerz vermindert. Die Bauchdecke im Bereich des rechten Unterbauches ist möglicherweise sehr gespannt. Nun ist sofort ein Arzt zu benachrichtigen, denn unter Umständen müssen Sie operiert werden.

Sofort zum Arzt!

Bei einer *chronischen Blinddarmentzündung* sollten Sie einige Fastentage (→ Seite 64) einlegen, Einlaufserien (→ Seite 76) und Reibesitzbäder (→ Seite 75) machen.

Homöopathische Mittel: Wie bei der Blinddarmreizung, jedoch nur 3mal täglich eingenommen.

Ärztlicherseits sind Maßnahmen wie Neuraltherapie (→ Seite 88) und eine Sanierung der Darmflora angezeigt.

Der Reizdarm

Bei rund der Hälfte aller Patienten, die wegen Bauchschmerzen den Arzt aufsuchen, ergibt sich nach schulmedizinischer Auffassung kein organischer Befund, obwohl sie nach allen Regeln der Kunst untersucht wurden. Es kommen auch Fehldiagnosen zustande, da Schmerzen im Bauch vielfach mit Störungen in Nachbarorganen verwechselt werden. Beschwerden im rechten Unterbauch können sich beispielsweise wie Probleme am rechten Eierstock darbieten. Häufig geschieht es auch, daß solche Patienten als übersensibel, als Hypochonder abgestempelt werden. Tatsächlich täuschen manche Beschwerden schwerste organische Störungen vor.

Zum Arzt!

Die Symptome: Appetitlosigkeit (→ Seite 36), Übelkeit (→ Seite 22), Sodbrennen (→ Seite 23), saures Aufstoßen, heißes, brennendes Gefühl hinter dem Brustbein bis in die Kehle (Speisen kehren in den Mund zurück), Völlegefühl, schmerzhafte Blähungen, sichtbarer Blähbauch (→ Seite 22), Bauchkrämpfe, schwere, zum Teil brennende und stechende Bauchschmerzen, Wechsel von Durchfall (→ Seite 25) und Verstopfung (→ Seite 31), starker Stuhlgang nach jedem Essen, Schafs- und Bleistiftkot, Abgeschlagenheit, Kopfschmerzen, Schlafstörungen.

Viele der aufgezählten Symptome finden wir auch bei Störungen der Leberfunktion, bei Erkrankungen, die den Gallefluß behindern, oder beim überforderten Darm (→ Seite 38).

Sie sollten auf jeden Fall den Arzt aufsuchen, um schwerwiegendere Krankheiten ausschließen zu lassen. Der Arzt braucht hier große Erfahrung und Fingerspitzengefühl, um nicht zuviel, aber auch nicht zuwenig zu tun.

Oft sind es seelische Probleme

Die Ursachen: Es ist auffallend, wie oft seelische Probleme hinter diesen Beschwerden stecken, sie in Gang setzen oder verstärken. In der Regel sind es schwierige zwischenmenschliche Beziehungen und Lebensangst, die besonders Frauen nicht »verdauen« können, und vor allem überfordernde Situationen, die Männern Bauchschmerzen verursachen.

Auch wenn seelische Schwierigkeiten letztlich das Hauptproblem beim Reizdarm darstellen und diese mit therapeutischer Hilfe angegangen werden sollten (oft hilft schon ein klärendes Gespräch!), ist es sinnvoll und notwendig, die Beschwerden im organischen Bereich zu behandeln. Meist ist auch der überforderte Darm Mitursache der Störungen.

Die Behandlung: Welche therapeutischen Möglichkeiten Ihnen für alle hier genannten Symptome zur Verfügung stehen, lesen Sie bitte in den jeweiligen Kapiteln nach, die diese ausführlich beschreiben.

Durchblutungsstörungen im Darm

Häufig schon bei jüngeren Menschen

In einer Zeit, in der die Arteriosklerose (Arterienverkalkung) nicht mehr nur eine Krankheit des vorgerückten Alters ist, sondern, bedingt durch unsere Zivilisation und deren Folgen, immer häufiger wesentlich früher auftritt, sind Durchblutungsstörungen der Verdauungsorgane keine Seltenheit.

Im Nüchternzustand ist die Blut- und damit die Sauerstoffversorgung im Darm durch die bei Arteriosklerose verengten, starren Gefäße ausreichend. Nach Einnahme einer Mahlzeit allerdings macht sich der Mangelzustand deutlich bemerkbar. Bedingt durch die Peristaltik, nimmt der Bedarf an Sauerstoff wesentlich zu. Wird die bei der Muskelarbeit anfallende Milchsäure nicht kontinuierlich abtransportiert, kommt es zu Muskelschmerzen, die sich im Magen-Darm-Trakt bis zur Unerträglichkeit steigern können. Typisch für diese Schmerzen ist, daß sie einige Minuten nach Nahrungsaufnahme beginnen und 2 bis 3 Stunden später völlig verschwunden sind. Um diese Krankheit an ihrer Wurzel zu behandeln, sind entschlackende Fastenkuren (→ Seite 65) und eine Umstellung der Ernährung (→ Seite 58) notwendig; Fett und Eiweiß müssen drastisch reduziert und selbstverständlich auch das Rauchen aufgegeben werden.

Der akute Bauch

Sofort den Arzt rufen!

Bei plötzlich auftretendem heftigem Dauerschmerz im Bauch – oft wird der Bauch dabei hart wie ein Brett – muß sofort ein Arzt gerufen werden. Übelkeit, Erbrechen und starkes Aufgeblähtsein können die Beschwerden begleiten, auch Schüttelfrost und Fieber können hinzukommen. Die Atmung ist beschleunigt, der Puls fängt an zu rasen. Ein solcher Zustand kommt meist nicht ganz überraschend; wahrscheinlich sind ihm Bauchbeschwerden leichterer Art vorausgegangen, denen nicht genug Bedeutung beigemessen wurde.

Die Ursachen eines so plötzlich und heftig auftretenden Beschwerdebildes können folgende Erkrankungen im Magen-Darm-Trakt sein:

Mögliche Ursachen

- akute Blinddarmentzündung (Appendizitis),
- akute Bauchspeicheldrüsenentzündung (Pankreatitis),
- Darmverschluß,
- Bauchfellentzündung (Peritonitis),
- Magen- oder Darmdurchbruch,
- Infarkt eines großen Gefäßes.

Es können aber auch andere Erkrankungen dafür verantwortlich sein, zum Beispiel:

- Nierensteinkolik,
- geplatzte Tubenschwangerschaft,
- Wurmknäuel von Spulwürmern.

Dabei kann die Reizung des Bauchfelles so stark sein, daß es zu den beschriebenen Symptomen kommt. Nehmen Sie bitte keinerlei Schmerzmittel ein, bevor der Arzt kommt. Damit würden Sie eine exakte Diagnosestellung verhindern. Sie sollten auch nichts essen und keine Getränke zu sich nehmen.

Krankheiten des Enddarms

Speicher- und Auffangorgan für den Stuhl ist der Mastdarm, auch als Enddarm bezeichnet. Der Darmausgang wird von einer doppelten Muskelschicht verschlossen – einer inneren, die unwillkürlich funktioniert, und einer äußeren, die dem Willen unterworfen ist. Diese Muskeln befinden sich in ständig zusammengezogenem Zustand; erst wenn Störungen dieser Funktion auftreten, können wir ahnen, was der kontinuierliche Verschluß unseres Darmausgangs für unser Wohlbefinden bedeutet.

Die Stuhlentleerung ist ein komplizierter Vorgang, den willentlich zu regulieren wir in der frühen Kindheit lernen. Dabei müssen die Muskeln gemeinsam erschlaffen, und der entsprechende Druck der Bauch- und Beckenbodenmuskulatur muß den Stuhl hinausbefördern. Die Afterschleimhaut besitzt sehr viele schmerzleitende Nervenfasern, während diese im übrigen Mastdarm fehlen.

Möglichst bald zum Arzt!

Das Problem bei Krankheiten des Enddarmes ist die Tatsache, daß man sich schämt, über diese Region des Körpers zu sprechen, und sie oft als etwas Fremdes ablehnt. Das darf Sie jedoch nicht daran hindern, baldmöglichst zum Arzt zu gehen, wenn Beschwerden auftreten.

Wenn Sie Schmerzen beim Stuhlgang haben, wenn Ihr Darmausgang schmerzt und brennt, wenn Sie in diesem Bereich unter starkem Juckreiz leiden oder wenn Sie gar Blut im Stuhl entdecken, müssen Sie die Symptome unverzüglich vom Arzt abklären lassen. Erst dann ist es möglich, die richtige Therapie einzuleiten, die Sie dann eventuell auch zu Hause durchführen können. Hüten Sie sich davor, im Alleingang alle in diesem Bereich auftretenden Störungen mit Hämorrhoidalzäpfchen zu behandeln! Nicht alle Blutungen sind durch Hämorrhoiden verursacht.

Analfissur

Starke Schmerzen

Die Analfissur ist eine Art Schrunde in der Afterschleimhaut, die durch sehr harten Stuhl hervorgerufen wird. Meist sind solche Fissuren sehr schmerzhaft, vor allem während der Stuhlentleerung und oft noch Stunden danach. Schlimmer ist das Krankheitsbild, wenn die Afterschleimhaut regelrecht eingerissen ist. Dann bekommt der unter ihr liegende Schließmuskel Kontakt mit dem Stuhl, was sehr schmerzhafte Krämpfe auslöst und oft zu einem Dauerkrampf des Muskels führt.

Die Behandlung: Es ist grundlegend wichtig, für weichen Stuhl zu sorgen und die Ernährung umzustellen (vergleiche *Verstopfung*, Seite 31). Bitte nehmen Sie auch hier keinerlei Abführmittel! Machen Sie 2mal täglich warme Sitzbäder mit Kamille (→ Seite 75), lokal können Sie übergangsweise eine Xylocain-Salbe aufbringen, die den schlimmsten Schmerz nimmt.

Nach den Beschwerden auswählen

Homöopathische Mittel (→ Seite 79):
Acidum nitricum D 6 – wenn der Stuhl eher durchfällig ist und Sie trotzdem starke, unerträgliche Schmerzen haben und das Gefühl, als stecken Splitter in der Aftergegend. Auch Juckreiz kann auftreten.

Graphit D 6 – bei trockenen Ekzemen um den After (die das Einreißen begünstigen); wenn der Stuhl mit Schleim bedeckt ist – 2mal täglich eine Gabe.

Paeonia D 4 – bei nässenden Fissuren; wenn oft noch Stunden nach dem Stuhlgang Schmerzen vorhanden sind.

In sehr schlimmen Fällen kann der Arzt den Schließmuskel unterspritzen, also neuraltherapeutisch behandeln. Unter Umständen ist es notwendig, eine Dehnungsbehandlung durchzuführen.

Hämorrhoiden

Blutungen, Juckreiz, Krämpfe

In der Übergangszone vom Mastdarm zum After gibt es ein Geflecht von Blutgefäßen, das Hämorrhoidalgeflecht, dessen Füllung oder Entleerung reflektorisch gesteuert wird. Es hat die Funktion, in gefülltem Zustand wie ein Polster den After zu verschließen. Leiern diese Gefäße aus, entstehen Hämorrhoiden, die so ausgeprägt sein können, daß sie aus dem Schließmuskel heraushängen. Neben Blutungen kann es zu einem Enge- und Druckgefühl am Darmausgang kommen, zu Juckreiz und zunehmend auch zu schmerzhaften Krämpfen. Begünstigt wird die Entwicklung von Hämorrhoiden durch Verstopfung, zu harten Stuhl, sitzende Lebensweise, durch Pfortaderstauung oder durch überdehnte Därme, die den venösen Rückstrom aus dem Beckenraum behindern.

Die Behandlung: Bei Hämorrhoiden sind Maßnahmen angezeigt, die den Stuhlgang auf natürliche Art fördern und generell den Darm in Ordnung bringen.

Kalte Waschungen nach jedem Stuhlgang bewirken, daß sich die Gefäße verengen, ebenso eine örtliche Behandlung mit Eichenrindenabkochung (→ Seite 83) oder kühle Sitzbäder (→ Seite 75) mit Eichenrinde. Bei Pfortaderstauung als Ursache muß die Leber behandelt werden. Periodisches Einziehen und Wiederloslassen des Afters, wenigstens 100mal am Tag geübt, fördert die Pumpwirkung der Muskulatur auf das Hämorrhoidalgeflecht.

Homöopathische Mittel (→ Seite 79):
Hamamelis D 4, Paeonia D 4 – bei schmerzhaften Hämorrhoiden, feuchten Absonderungen, Schmerzen während und nach dem Stuhlgang.

Sulfur D 6 – wenn die Hämorrhoiden nachts im Bett jucken; wenn der Patient übergewichtig ist, ein rotes Gesicht hat und überhitzt ist – morgens und abends eine Gabe.

Dickdarmdivertikel

Ursache: Verstopfung

Diese sackförmigen Ausstülpungen entstehen durch Verstopfung. An schwachen oder brüchigen Stellen der Muskulatur im Enddarm stülpt sich die Schleimhaut nach außen; dieser Vorgang läuft völlig unbemerkt ab. So entstehen kleine Säckchen, in denen sich Kot und Bakterien festsetzen können. Hierbei kann eine Entzündung mit Fieber und

Schmerzen auftreten, die sich ähnlich wie eine Blinddarmentzündung anfühlt: eine *akute Divertikulitis.* Wenn Divertikel platzen, fließt hochinfektiöser Stuhl in die Bauchhöhle, was eine sofortige Operation nötig macht.

Dickdarm entlasten

Die Behandlung: Es ist wichtig, den Dickdarm durch gründliches Abführen, durch Einlaufserien (→ Seite 76) und durch Fasten (→ Seite 62) zu entlasten. Bei der Entzündung wirkt ein auf den rechten Unterbauch gelegter Eisbeutel schmerzlindernd. Bei Krämpfen nützen Tees aus Schafgarbe, Kamille oder Pfefferminze (→ Seite 82 und 84). Je nach Beschwerden können heiße Leibwickel mit Kamille (→ Seite 77) angewendet und die im Kapitel *Hämorrhoiden* (→ Seite 51) angegebenen homöopathischen Mittel eingenommen werden. Generell ist eine Umstellung der Kost (→ Seite 58) notwendig sowie Eichenrindentee als Einlaufserie (→ Seite 76 und 83).

Darmpolypen

Gutartige Geschwülste

Polypen sind gutartige Geschwülste, die der Schleimhaut aufsitzen. Da sie so gut wie keine Beschwerden verursachen, werden sie meist nur zufällig entdeckt. Auch durch Blutbeimengungen im Stuhl sind sie nicht sicher zu erkennen, da sie, wenn überhaupt, nur schwach bluten.

Die Behandlung: Darmpolypen sollten nach Möglichkeit abgetragen werden, weil sie in einem verhältnismäßig hohen Prozentsatz zu Krebsgeschwüren werden. Mit der elektrischen Schlinge ist dieser Eingriff wenig belastend. Hat man einen Polypen operiert, müssen regelmäßige Kontrolluntersuchungen durchgeführt werden.

Auch die Beseitigung einer chronischen Darmüberforderung wirkt sich günstig auf den Verlauf dieser Krankheit aus.

Analekzem

Folge einer Vergiftung im Körper

Ein Ekzem im Bereich des Afters ist mit Sicherheit Ausdruck einer allgemeinen Vergiftung, wenn auch der Grad der Beschwerden von psychischen Komponenten bestimmt wird. Bei einem meiner Patienten zum Beispiel verstärkte sich das Jucken enorm, wenn er beruflich sehr angespannt war.

Die Behandlung: Fastenkuren zur Entgiftung (→ Seite 63), eine Sanierung der Darmflora (→ Seite 88), ebenso täglich durchgeführte Reibesitzbäder (→ Seite 75) haben einen positiven Einfluß auf die Beschwerden.

<u>Homöopathische Mittel (→ Seite 79):</u>

Sulfur D 6 – bei morgendlichem Durchfall und übelriechenden Stühlen – morgens und abends eine Gabe.

Graphites D 6 – bei trockenem, schrundigem Ekzem; wenn der Patient träge ist und unter Verstopfung leidet und ein starkes Hungergefühl hat – zweimal eine Gabe.

Juckreiz kann auch durch Wurmbefall hervorgerufen werden.

Abszesse und daraus entstehende Fisteln

An der Grenze zwischen Mastdarm und After ist die Schleimhaut aufgefaltet, am Grund dieser Falten kann es zu Infektionen kommen. Der hierbei entstehende Eiter fließt entweder in die Darmöffnung ab. Ist dieser Weg aber beispielsweise durch harten Stuhlgang verlegt, entsteht in der Tiefe eine immer größer werdende Eiteransammlung. Diese durchbricht die Darmwand, gelangt in das den Darm umgebende Gewebe und bildet dort einen Abszeß, was mit erheblichen Schmerzen und oft auch mit Fieber verbunden ist. Der Eiter sucht sich nun einen Weg nach außen, wobei er entweder durch die Darmwand ins Darminnere durchbricht oder nach außen durch die Haut. Die Wege, die sich der Eiter dabei bahnt, nennt man Fisteln.

Schmerzen, oft auch Fieber

Die Behandlung: Die Entstehungsgeschichte macht deutlich, daß alles darauf ankommt, eine Fistelbildung zu vermeiden und den Abszeß frühestmöglich im Anfangsstadium zu entdecken. Durch eine Entleerung des Darms mit Hilfe von Bittersalz und Einlaufserien sowie durch Kamillensitzbäder kann der Abfluß des Eiters aus den Tiefen der Schleimhautfalten ermöglicht werden.

Auf jeden Fall müssen Sie einen Arzt aufsuchen, denn unter Umständen kann auch ein chirurgischer Eingriff nötig werden.

Homöopathische Mittel (→ Seite 79):

Silicea D 6 – zweimal eine Gabe sowie Nosode Tuberculinum D 200 – einmal monatlich jeweils 5 Kügelchen.

Darmparasiten

Madenwürmer siedeln sich meist bei Kindern an, die ihre schmutzigen Hände in den Mund stecken. Ein solcher Wurmbefall kann jedoch auch die ganze Familie in Mitleidenschaft ziehen. Hervorstechendes Symptom ist der Juckreiz in der Aftergegend, der besonders nachts auftritt, wenn die Wurmweibchen ihre Eier um den Darmausgang herum ablegen. Hier ist nur durch sorgfältige Hygiene und ein vom Arzt verschriebenes Wurmmittel Abhilfe zu schaffen.

Nicht nur bei Kindern

Spulwürmer, die aussehen wie Regenwürmer und bis 25 cm lang werden können, erscheinen manchmal im Stuhl. Als Folge des Tourismus kommen sie wieder häufiger vor. Sie können Gallenstauungen und Infektionen der Gallenwege hervorrufen oder in seltenen Fällen auch einmal die Darmpassage verlegen.

Sowohl Spul- als auch Madenwürmer können Bauchweh (→ Seite 20) verursachen.

Aktive naturgemäße Behandlungsmethoden und Heilmittel

Heilung nur durch Ihre Mitarbeit

Bei einer »aktiven Behandlungsmethode« (wie es mein Lehrer Dr. Rauch sehr zutreffend nennt) ist die Mitarbeit des Patienten erforderlich. Durch seinen Einsatz trägt er entscheidend zum Erfolg bei. Die eigentliche Arbeit macht der Patient, der Arzt begleitet nur. Das hat einen großen pädagogischen Vorteil gegenüber den Behandlungsmethoden, bei denen der Patient passiv bleibt. Er lernt, er sammelt Erfahrungen, die er im wörtlichen Sinne am eigenen Leib macht.

Natürliche Ernährung: Gesundheit für den Darm

Wenn über Ernährung gesprochen und geschrieben wird, ist auffallend, wie sehr meist die Frage »Was soll ich essen?« im Vordergrund steht. Gewiß ist das, was wir essen, und die Qualität der Nahrung von großer Bedeutung. Wird aber der »überforderte Darm« in die Überlegungen einbezogen, relativiert sich die Frage nach dem »Was«, und das »Wie« rückt in den Vordergrund. Ich möchte das an folgendem Beispiel deutlich machen.

Eine Patientin – sie war sehr hager – kam zur Mayr-Kur und klagte darüber, daß sie häufig durchfällige Stühle, aber auch Stuhldrang ohne Erfolg habe. Sie sei eigentlich nie satt, müsse große Mengen essen, und das alle 2 Stunden. Seit einiger Zeit fielen ihr die Haare aus, die Nägel seien brüchig.

In der Tat, die Patientin, die über die »richtige« Ernährung bestens informiert war, nur im Reformhaus einkaufte und niemals etwas »Falsches« aß, war deutlich unterernährt: Der Bauch war stark gebläht, der Dünndarm hing unter dem Nabel.

Uns ernährt, was der Darm aufnehmen kann

Hier wird deutlich, daß die Verdauung trotz »gesunder« Lebensmittel (viel Rohkost) nicht funktionierte. Die Patientin hatte nicht berücksichtigt, daß nur das uns ernährt, was unser Darm verdauen und somit aufnehmen kann. Sie hatte ihrem Magen-Darm-System zu viel zugemutet und ihm dadurch offensichtlich Schaden zugefügt.

Wollen wir uns also richtig ernähren, ist die zentrale Frage: In welchem Zustand ist mein Darm? Was kann ich tun, damit er gesünder wird? Wenn Sie noch einmal das Kapitel *Der überforderte Darm* (→ Seite 38) lesen, wird Ihnen bewußt, daß die Leistungsfähigkeit unseres Magen-Darm-Systems keine feste Größe ist, von der wir ausgehen können. Es ist nicht so wie bei einem Automaten, daß eine bestimmte Menge, die

Wie müssen Sie sich ernähren?

eingefüttert wird, ein bestimmtes Ergebnis hervorbringt. Sie wissen selbst, wie verschieden die Menschen bei der Nahrungsverwertung reagieren. Die einen können so viel essen, wie sie wollen, und nehmen nicht zu; andere werden buchstäblich schon dick, wenn sie nur ans Essen denken. In bezug auf den Magen-Darm-Bereich sind wir wirklich Individuen!

Dabei spielt auch unser bisheriges Verhalten eine Rolle: Wie sind wir mit unseren Verdauungsorganen umgegangen?

Essen: aber wie?

Essen nimmt eine zentrale Stellung in unserem Leben ein. Es ist deshalb sehr wichtig, zu bemerken, wie gedankenlos wir oft mit Essen umgehen oder wie sehr wir es überbewerten.

Mit Leib und Seele beim Essen sein

Fritz Perls schreibt in seinem Buch *Ich, der Hunger und die Aggression:* »Wir müssen mit Leib und Seele beim Essen sein. Wir müssen uns der Tatsache, daß wir essen, ganz bewußt sein. Das klingt einfach, vielleicht sogar albern. Sie glauben natürlich, Sie seien sich beim Essen des Essens bewußt. Aber stimmt das? Oder lesen Sie, reden Sie, tagträumen Sie beim Essen, oder machen Sie sich Gedanken über etwas? Machen Sie sich Sorgen, Sie könnten den Bus versäumen oder zu spät zur Arbeit oder ins Theater kommen? Wie oft verschlingen Sie die Zeitung zugleich mit Ihren Mahlzeiten?«

Konzentration auf das Essen: Die mangelnde Konzentration auf das, was wir gerade tun, verführt uns auch zu unkontrolliertem Essen zwischen den Mahlzeiten (beispielsweise beim Fernsehen!). Essen findet statt aus einem Gefühl innerer Leere. Seelischer Hunger wird mit körperlichem Hungergefühl verwechselt. Wir nehmen uns nicht die Zeit zu prüfen, was wir wirklich brauchen. Selbst wenn wir es wissen, finden wir doch am schnellsten etwas, was wir in den Mund stecken können. Häufig stopfen wir uns auch zu: Wir wollen uns nicht spüren lassen, was wir entbehren oder was uns weh tut oder was wir uns wünschen.

Es gibt aber auch Menschen, denen Essen ein notwendiges Übel, lästig und eine Zeitverschwendung ist. Sie bevorzugen alles, was sich rasch zubereiten und auch rasch essen, sprich: verschlingen läßt. Essen zu genießen, ist ihnen völlig fremd.

Die Funktion des Kauens

Wie essen Sie?

Haben Sie schon einmal darauf geachtet, wie Sie essen? Haben Sie schon einmal registriert, wie schnell Sie ein Butterbrot verschlungen haben? Haben Sie sich schon einmal die Mühe gemacht zu zählen, wie oft Sie einen Bissen kauen? Oder – eine weit verbreitete Unsitte – trinken Sie viel zum Essen, spülen Sie den Speisebrei einfach hinunter?

Bedenken Sie, welch wichtige Funktion das Kauen, das völlige Zerkleinern und Verflüssigen der Nahrung hat! Durch die Kieferbewegungen regen Sie die Speicheldrüsen des Mundes an. Der Speichel schließt die in Ihrem Essen enthaltenen Kohlenhydrate auf, er bespült Ihre Zähne und hilft, sie auch nach dem Essen zu säubern. Durch das Kauen massieren Sie Ihr Zahnfleisch. Sie verbessern damit seine Durchblutung und halten die Zähne gesund. Nebenbei: Die Zähne und das Zahnfleisch sind wichtige Reflexzonen für den übrigen Körper!

Fritz Perls schreibt in dem erwähnten Buch über den Vorgang des Kauens: »Vermeiden Sie die Gefahr, geistige und materielle Brocken zu verschlingen, die in Ihrem Organismus Fremdkörper bleiben müssen. Um die Welt zu verstehen und zu assimilieren, müssen Sie von Ihren Zähnen Gebrauch machen.« Perls ist der Ansicht, daß wir mit dem Kauen zugleich lernen, uns auseinanderzusetzen und uns durchzubeißen.

Genießen lernen

Wider Erwarten ist es sehr schwierig, das Kauen zu lernen. Ein Anreiz dafür kann darin bestehen, daß wir beginnen, die Nahrung deutlicher zu schmecken und sie dadurch auch intensiver genießen können. Für den Anfang ist es sehr hilfreich, die Kaubewegungen zu zählen, bis sich ein Gefühl dafür entwickelt hat, wie lange etwa ein Bissen im Mund sein soll. Zählen Sie bis 20, dann erst schlucken. Stopfen Sie nicht Essen nach, ehe Sie nicht den vorherigen Bissen gekaut und geschluckt haben. Stellen Sie sich vor, wie dünn und zart die Schleimhäute sind, durch die Ihre Speise eindringen soll. Wenn sie nicht flüssig gemacht ist, kann das nicht geschehen.

Wenn Sie intensiv kauen, brauchen Sie nicht mehr so viel zu essen, Sie spüren deutlich, wann Sie satt sind.

Meine Mutter erzählte, daß sie als Flüchtlingskind im ersten Weltkrieg nur ein Stück Brot für einen ganzen Tag bekommen habe. Sie sei damals 10 Jahre alt gewesen und habe selbst herausgefunden, daß sie von dieser einen Scheibe Brot satt geworden sei, wenn sie diese ganz langsam gegessen und sorgfältig gekaut habe.

Nicht weiteressen, wenn Sie satt sind

Erinnern Sie sich, wie Sie als Kind beim Mittagessen plötzlich den Löffel hingelegt und festgestellt haben: »Jetzt bin ich satt!« Niemand konnte Sie dazu bewegen, noch einen Bissen zu nehmen. Sehr vernünftig, wenn Ihre Mutter das respektiert hat. Leider gibt es auch Mütter, die sagen: »Noch einen Löffel für Mami, einen für Papi ...«, oder die ihre Kinder zwingen, den Teller leer zu essen. Hier wird ein natürliches Bedürfnis mißachtet und die Voraussetzung für einen verkümmerten Sättigungsreflex geschaffen. Wenn die Grenze zum Sattsein verwischt wird, ist es sehr schwierig, mit dem Essen aufzuhören. Immer noch ein Löffel mehr und der nächste ... und nächste ... wird immer automatischer nachfolgen.

Noch eine Frage an die Hausfrauen, die aus Pflichtbewußtsein die Teller ihrer Kinder leer essen oder sich bereitwillig »opfern«, wenn etwas übrigbleibt. Wem tun Sie mit diesem täglichen Zuviel etwas Gutes?

Nur bei Hunger essen

Weniger essen – länger satt sein: das bewirken Sie mit dem richtigen, dem gründlichen Kauen. Wenn Sie darauf achten und nicht aus Gewohnheit bereits nach 2 Stunden die nächste Mahlzeit einnehmen, werden Sie bald merken, wie lange dieses Sättigungsgefühl anhält. Warten Sie mit dem Essen, bis Sie wirklich wieder Hunger verspüren. Verwechseln Sie bitte Hunger nicht mit Appetit oder Gelüsten, auch nicht mit dem Gefühl, daß sich Ihr Magen etwas leichter anfühlt als sonst. Wenn Sie ehrlich sind, haben Sie erst nach 4 bis 5 Stunden wieder Hunger.

Wie oft Sie essen sollen: Sie brauchen nicht mehr als 3mal täglich zu essen. Damit gönnen Sie Ihrem Magen-Darm-System Ruhezeiten, die es dringend benötigt, und unterstützen durch Regelmäßigkeit seine rhythmischen Funktionen. Viele kleine Mahlzeiten, über den Tag verteilt, sind nur in Ausnahmefällen sinnvoll (beispielsweise bei Schwerkranken)!

Mit der Menge Ihrer Speisen sollten Sie sich auch daran orientieren, ob Sie meist am Schreibtisch sitzen und/oder Auto fahren oder sich viel bewegen. Sie müssen berücksichtigen, ob Sie jung sind und noch wachsen oder ob Sie als älterer Mensch nicht mehr soviel brauchen. Und wenn Sie krank sind, tun Sie das, was Ihr Körper Ihnen sagt.

Weder zu heiß, noch zu kalt essen

Die richtige Temperatur: Haben Sie schon einmal darauf geachtet, wie Sie es mit der Temperatur Ihrer Speisen und Getränke halten? Muß Ihre Suppe fast kochend sein, damit Sie Ihnen schmeckt? Trinken Sie etwas nur gerne, wenn es eisgekühlt ist? Stellen Sie sich Ihre zarten Schleimhäute vor, die solchen extremen Temperaturen ausgesetzt sind und keinerlei Schutzvorrichtung dagegen haben. Wenn nun die Magenschleimhaut, die ja neben der Schleimhaut des Mundes und jener der Speiseröhre hauptsächlich betroffen ist, durch das Zu-Heiß oder Zu-Kalt geschockt wird, wie soll sie da gute Verdauungssäfte produzieren, und wie sollen diese Säfte wirksam werden? Es gibt Temperaturbereiche, in denen Verdauungsvorgänge optimal ablaufen. Haben Sie jemals ein Tier gesehen, das zu heißes oder zu kaltes Futter nicht stehenließe und geduldig wartete?

Trinken: Wichtig ist es, zwischen den Mahlzeiten zu trinken. Im allgemeinen ist das wenig üblich, unser Durstgefühl scheint degeneriert zu sein. Um so mehr sollten wir deshalb bewußt dafür sorgen, daß wir regelmäßig, etwa stündlich, Flüssigkeit zu uns nehmen. Das ermöglicht nicht nur die Ausscheidung der täglich anfallenden Giftstoffe, es fördert auch den regelmäßigen Stuhlgang (→ *Verstopfung,* Seite 31). Wir können gar nicht zuviel trinken!

Morgens wie ein Kaiser –

Wann Sie essen sollen: Wenn Sie lernen, den Rhythmus Ihres Magen-Darm-Systems zu beachten, finden Sie sicher heraus, daß Sie zu den verschiedenen Tageszeiten verschieden gut verdauen können: »Morgens wie ein Kaiser, mittags wie ein König, abends wie ein Bettler.« Diese Empfehlung fürs Essen entspricht genau den Fähigkeiten des Verdauungssystems: Morgens ist es am leistungsfähigsten. Nach der chinesischen Organuhr haben alle Verdauungsorgane ihre Hauptaktionszeit am Vormittag. Die Aktivität des Dünndarms reicht noch etwas in den Nachmittag hinein. Alles, was Sie also am Abend essen, wird an diesem Tag nicht mehr verdaut.

– abends wie ein Bettler

Sicher ist es Ihnen in Erinnerung, wie Sie sich am Morgen nach einer reichlichen Abendmahlzeit fühlen: Sie wachen mit verschwollenen Augen und dumpfem Kopf auf, Sie brauchen länger als sonst, um munter zu werden, obwohl Sie meinen, besonders tief geschlafen zu haben. Das haben Sie auch tatsächlich. Sie haben nämlich während der Nacht eine kleine »Narkose« aus Ihrem Darm bekommen. Dort sind die Speisen der Abendmahlzeit unverdaut liegengeblieben, die dabei entstandenen Giftstoffe sind in Ihr Blut gelangt und haben Ihren Kopf benebelt.

Zwingen Ihre Lebensumstände Sie dazu, die Hauptmahlzeit am Abend einzunehmen, sollten Sie das nach Möglichkeit am frühen Abend tun. Das Essen sollte leicht verdaulich sein und nur wenig Rohkost enthalten – sie ist abends am schlechtesten bekömmlich, da sie am leichtesten gärt;

deshalb muß sie besonders gut gekaut werden. Wenn möglich, machen Sie nach dem Essen noch einen Spaziergang.

So könnte ich mir eine Mahlzeit vorstellen:

Probieren Sie es aus

- Sie sind ausgeruht.
- Sie wählen sorgfältig aus, was Sie essen wollen.
- Sie kochen mit Hingabe und Freude.
- Sie richten das Essen appetitlich an.
- Sie nehmen sich viel Zeit und essen langsam und mit Genuß.
- Sie sind mit Leib und Seele beim Essen.

Essen: aber was?

Keine minderwertigen Nahrungsmittel

Unsere Lebensmittel sind der Industrialisierung zum Opfer gefallen. Das hat ihnen das Leben ausgetrieben und sie zu minderwertigen Nahrungsmitteln gemacht. Wir essen Raffiniertes, Homogenisiertes, Ultrahocherhitztes, Kondensiertes. Die sogenannten »Lebensmittel« sind »verbessert« mit Stabilisatoren, Emulgatoren, Geschmackskorrigentien. Sie werden mit Farbe geschönt und hygienisch verpackt. Produkte aus der Landwirtschaft enthalten Rückstände von Spritzmitteln und Medikamenten. Die Reihe ließe sich fortsetzen.

So haben wir zwar volle Mägen, sind auch reichlich mit Kalorien versorgt, aber im Grunde genommen nicht richtig ernährt. Wir können diese Zivilisationskost nicht ordnungsgemäß verdauen, denn hierfür fehlen wichtige Stoffe, eben die Vitalstoffe, die man den Lebensmitteln genommen hat oder die durch die verschiedenen Manipulationen zunichte gemacht wurden.

Vollwertkost statt wertlose Nahrungsmittel

Natürliche Lebensmittel

Lebendige Nahrung ist chemisch unbehandelt und naturbelassen, sie enthält Vitalstoffe in natürlicher Verbindung. Das sind Spurenelemente, natürliche Vitamine, Fermente, Mineralstoffe, hochungesättigte Fettsäuren, lebensnotwendige Aminosäuren, Aromastoffe, Bakterien und eine Fülle von Substanzen, die wir noch nicht genau benennen können. Die Vielfalt in Art, Form und Gestalt, der Farben, Düfte und Aromen ist Ausdruck dafür, wie Kräfte, die wir nicht erfassen können, hier einwirken und immer wieder neue Variationen hervorbringen. Auch diese lebenspendenden Energien nehmen wir in uns auf. So erübrigt sich letztlich die Frage, welchen Markenartikel oder welche Handelsklasse wir wählen sollen: Wir werden uns von der lebendigen Qualität leiten lassen.

Umstellung der Ernährung

Schwierig, aber möglich

Erfahrungsgemäß ist es nicht ganz leicht, alte Gewohnheiten abzulegen. Wurde Ihnen bislang schon empfohlen, gut zu kauen und während der Mahlzeiten nicht fernzusehen oder Zeitung zu lesen, sollen Sie nun auch noch Körner essen, auf weiße Frühstückssemmeln und den guten Schweinebraten verzichten. Zahlreiche Argumente stehen dagegen:

Vollwertkost schmecke schlecht, sie mache nicht satt, man müsse auf alles Liebgewordene verzichten. Da würde das Essen (und womöglich das Leben!) doch keinen Spaß mehr machen.

Langsam an Neues gewöhnen

Zugegeben, auch wenn Sie selbst von der Notwendigkeit einer Ernährungsumstellung überzeugt sind, ist es Ihre Familie noch lange nicht. Sie müssen die Sache vorsichtig angehen und Ihre Tischgenossen mit Klugheit und Umsicht langsam an das Neue gewöhnen. Es gibt inzwischen eine große Zahl hervorragender Kochbücher, die sich erfolgreich mit der sehr schmackhaften Zubereitung biologischer Vollwertkost befassen. Allmählich werden Sie die Vorzüge des kräftigeren Geschmacks von Getreidegerichten schätzen lernen; Ihr Verlangen nach Süßem wird erheblich nachlassen.

Seien Sie erfinderisch

Gehen Sie Ihren alten Gewohnheiten zu Leibe! Wählen Sie sorgfältig aus! Informieren Sie sich, wo es was zu kaufen gibt! Sie müssen sich nicht auf das Reformhaus beschränken; mittlerweile gibt es auch in Supermärkten Abteilungen, die gute Ware anbieten. Versuchen Sie, Einkaufsgemeinschaften mit Freunden zu bilden, um zum Beispiel kleine Getreidevorräte anzulegen, die Sie aus dem Großhandel beziehen. Die Preisfrage sollte nicht zum Hindernis werden. Letztlich werden Sie für Vollwertkost nicht mehr Geld ausgeben als sonst, wenn Sie bedenken, daß Sie aufgrund der besseren Qualität der Nahrungsmittel weniger brauchen und nachhaltiger gesättigt sind – ganz abgesehen von den gesundheitlichen Vorteilen. Bei aller Liebe zu naturbelassener Kost seien Sie jedoch noch einmal daran erinnert: Lieber mindere Qualität »mit Andacht« essen als Gesundes in »rauhen Mengen« und hastig.

Grundnahrungsmittel

Enthält alles, was wir brauchen

Getreide: Es gibt nur wenige Lebensmittel, die in ihrer Vitalstoffdichte an das Getreide heranreichen oder in ähnlicher Weise und Ausgewogenheit alles enthalten, was wir brauchen. Hafer, Weizen, Hirse, Grünkern, Gerste, Dinkel und Reis sind sehr wohlschmeckende Getreidesorten, die Sie gekeimt, gequollen, frisch gemahlen oder auch gekocht und gebacken verwenden können; auch Buchweizen ist geeignet. Beim Kauf von Getreide sollten Sie darauf achten, daß es keimfähiges Getreide ist, wenn möglich aus biologischem oder biologisch-dynamischem Anbau.

Mehl von guter Qualität erhalten Sie, wenn das Korn in einer Getreidemühle frisch gemahlen wird. Vielleicht bietet sich in einem Geschäft die Möglichkeit dazu. Auch das volle Korn läßt sich sehr fein ausmahlen, so daß es für feineres Gebäck zu verwenden und leichter verdaulich ist. Vollkorn muß nicht grob sein. Sie haben also auch, wenn Sie Brot kaufen, die Möglichkeit, zwischen feinerem und gröberem zu wählen. Gröber ist nicht gleich gesünder. Achten Sie darauf, was Ihnen bekommt.

Es ist wichtig, daß Sie einmal am Tag ungekochtes und ungebackenes, also rohes Getreide zu sich nehmen, damit Ihnen die Vitalstoffe, die im vollen Korn enthalten sind, unverfälscht zugute kommen. Sie können das Getreide frisch schroten und einige Stunden einweichen, so daß Sie einen Frischkornbrei erhalten, oder Sie weichen das Getreide in Wasser ein, bis es weich ist. Das dauert etwa drei Tage, wobei das Wasser täglich er-

Gut kauen!

neuert werden muß. Bitte essen Sie nur kleine Mengen von so zubereitetem frischem Getreide, 1 bis 2 Eßlöffel genügen. Am wichtigsten ist es, daß Sie gut kauen.

Keinen Fabrikzucker

Süßes: Vermeiden Sie Fabrikzucker (hierzu zählen weißer Haushaltszucker, brauner Zucker, Fruchtzucker, Traubenzucker, Milchzucker, Malzzucker); süßen Sie statt dessen mit Birnendicksaft, Sirup aus Zukkerrüben oder Äpfeln, Trockenfrüchten und Honig. Ich nenne den Honig absichtlich zum Schluß, weil er häufig in viel zu großen Mengen verzehrt wird – angeblich ist er ja so gesund. Honig sollte aber eher wie ein Gewürz verwendet werden, da er, im Übermaß genossen, im Darm leicht gärt. Das Süßen von Kaffee und Tee ist meist eine unbedachte Angewohnheit. Lassen Sie doch einfach mal den Zucker weg. Sie stellen sich erstaunlich schnell um. Haben Sie erst einmal damit begonnen, Ihre Kost nach biologischen Gesichtspunkten auszuwählen, werden Sie bald auch feststellen, daß Ihnen Konditorwaren gar nicht mehr so gut schmekken. Sie erscheinen Ihnen zu süß und letztlich langweilig im Geschmack.

Nebenbei sind Zucker und Weißmehl, diese modernen Suchtmittel, »Basenräuber«, das heißt, sie entziehen unserem Körper wichtige Mineralstoffe, die wir zur Aufrechterhaltung unseres Stoffwechsels und zur Herstellung der Verdauungssäfte benötigen. Darüber hinaus verbrauchen sie zu ihrer eigenen Verdauung Vitamin B in großen Mengen, das uns als Nervenschutz-Vitamin dann nicht mehr zur Verfügung steht.

Kaltgepreßte Öle, Butter, Kokosfett

Fette: Auf Fette können wir nicht verzichten, der tägliche Bedarf liegt bei etwa 30 Gramm. Fette sind unter anderem Bestandteil von Hormonen und unentbehrlich für regenerierende Funktionen an der Zellwand. Die lebensnotwendigen Fettsäuren in Vollwertölen sind hochenergiereiche Substanzen und halten als solche wichtige Lebensfunktionen in Gang. Durch Manipulationen bei der industriellen Herstellung von Öl und Margarine werden diese Substanzen zerstört. Verwenden Sie deshalb nur kaltgepreßte Öle und natürlich vorkommende Fette wie Butter und Kokosfett.

Eiweiß: Es ist schwierig, noch etwas Positives über Fleisch zu sagen, da es fast ausschließlich von Tieren stammt, die industriemäßig gemästet werden. (Selbst Wild ist davon nicht ausgeschlossen.) Die Lebensbedingungen solcher Tiere, besonders der Schweine, sind so unnatürlich, daß sie nur mit Hilfe von Arzneimitteln einigermaßen »gesund« gehalten werden können. Und wir essen diese Chemikalien mit!

Fleisch nur in kleinen Mengen

Essen Sie Fleisch nur in kleinen Mengen; es ist ein Irrtum zu glauben, daß wir täglich Fleisch brauchen. Getreide und Gemüse, besonders Kartoffeln, enthalten Eiweiß von hervorragender Qualität. Auch eine Mahlzeit ohne Fleisch kann anhaltend satt machen.

Nach Untersuchungen von Professor L. Wendt entstehen bei Eiweiß-Überernährung Verdickungen und Schädigungen in den Gefäßwänden mit allen daraus resultierenden Krankheiten wie Arteriosklerose oder Bluthochdruck. Zudem neigt das Muskeleiweiß von Tieren zu Fäulnisvorgängen im Darm, wenn es zu reichlich gegessen wird. Hier möchte ich dringend vor Abmagerungsdiäten warnen, die in großen Mengen Eiweiß empfehlen. Dabei können Sie sich gesundheitliche Schäden zuziehen.

In Milcheiweiß haben wir neben den Gemüsen und Hülsenfrüchten einen vorzüglichen Ersatz. Wegen der zunehmenden Schadstoffanreicherung gerade in der Milch, ist es empfehlenswert, die mehr Fett enthaltenden Milchprodukte wie Sahne zu verwenden.

Sahne, Quark, Sauermilch

Als sozusagen vorverdautes Eiweiß sind Quark, Sauermilch, Kefir und Bioghurt sehr bekömmlich und zugleich Milchsäurelieferanten. Die Milchsäure hemmt Fäulnisvorgänge im Darm und schafft ein gesundes Milieu für unsere Darmbakterien.

Obst und Gemüse: Wie bunt und vielfältig ist unser Gemüsebouquet in Form, Farbe, Duft und Geschmack! Bedenken Sie, welche Schätze Ihnen damit zur Verfügung stehen, dazu noch reich an Vitalstoffen, Spurenelementen und basischen Substanzen. Sehr wichtig, gerade für Gemüse, ist die richtige Zubereitung (→ Seite 62), damit die wertvollen Inhaltsstoffe soweit wie möglich erhalten bleiben. Besonders leicht verdaulich sind die Blattgemüse, aber auch Kartoffeln und Mohrrüben und die anderen Wurzelgemüse. Schwerer zu verdauen sind die Kohlarten; hier kommt es sehr darauf an, ob sie biologisch gezogen wurden. Dies erhöht die Qualität ihres Geschmacks und ihre Bekömmlichkeit. Hülsenfrüchte sind reichliche Eiweißspender und können, entsprechend gewürzt und nur in kleinen Mengen genossen, den Speisezettel angenehm bereichern.

Heimisches Obst und Gemüse

Vergessen Sie nicht die ausgezeichnete Verwendbarkeit von Wildkräutern wie Löwenzahn oder Bärlauch in Salaten, von frischen oder getrockneten Gartenkräutern und von Gewürzen, die, richtig dosiert, den Geschmack und die Verträglichkeit von Speisen sehr positiv beeinflussen.

Eine kleine Rohkost, als Vorspeise gereicht, gehört zu jeder Hauptmahlzeit. Sie nimmt den ersten Hunger und bereitet die Magensäfte für die Aufnahme weiterer Nahrungsmittel vor.

Essen Sie das Obst und Gemüse, das in Ihrer heimatlichen Umgebung wächst. Es bekommt Ihnen besser als das meist unreif geerntete aus Übersee. Beachten und respektieren Sie die Jahreszeiten, die uns jeweils verschiedene Obst- und Gemüsesorten bescheren. Warum müssen wir an Weihnachten frische Erdbeeren essen?

Getränke: Trinken Sie, um Ihren täglichen Bedarf an Flüssigkeit zu decken, Quellwasser, natriumarmes Mineralwasser oder ungesüßte Kräutertees, zum Beispiel Teemischung 12 (→ Seite 86). All das belastet Ihren Verdauungstrakt überhaupt nicht.

Keine Fertigsäfte

Vermeiden Sie Fertiggetränke, sie enthalten meist sehr viel Zucker und »Chemie«. Obst- und Gemüsesäfte werden zu konzentriert und zu schnell getrunken, dadurch gären sie im Darm und schaden uns. Warum eigentlich wollen wir Obst und Gemüse nicht kauen und so den Saft für uns nutzbar machen?

Wenn Sie Bier oder Wein, Kaffee oder Tee trinken, sollten Sie das mit Muße und Genuß tun. Die Verträglichkeit von Kaffee wird (im Gegensatz zu Filterkaffee) durch Aufkochen oder Aufbrühen wesentlich verbessert.

Achten Sie im Täglichen auf eine einfache Zusammenstellung und Zubereitung Ihrer Mahlzeiten, dann haben es Ihre Verdauungsorgane leichter. Erheben Sie Ihre Ernährungsansichten nicht zur Religion, Sie dürfen auch einmal etwas »Falsches« essen. Wenn Sie lernen, auf Ihren Körper zu hören, ihn wahr-zunehmen, werden Sie immer deutlicher spüren, was Sie zum Essen brauchen. Dann können Sie auf alle Diät- und Kalorientabellen »verzichten«.

Über die Zubereitung

Damit die gute Qualität Ihrer Lebensmittel bei der Zubereitung erhalten bleibt, möchte ich Ihnen einige Ratschläge geben.

Schälen ist meist nicht nötig

Zur *Reinigung* von Wurzelgemüse genügen meist kräftiges Abbürsten unter fließendem Wasser und ein Ausschneiden schlechter Stellen. *Schälen ist meist überflüssig.* Die Schale zu erhalten, ist deshalb lohnend, weil in ihr und unmittelbar unter ihr sehr wertvolle Vitalstoffe sitzen.

Legen Sie Gemüse und Salat nie längere Zeit ins Wasser, um sie aufzufrischen, einzuweichen oder Bitterstoffe herauszulösen. Alle wasserlöslichen Vitamine, Mineralstoffe und Spurenelemente gehen dabei verloren.

Rohkost sollte immer erst *kurz vor dem Verzehr zubereitet* werden. Steht sie längere Zeit geraspelt an der Luft, verliert sie durch den Kontakt mit dem Sauerstoff erheblich an Wert. Auch fürs Kochen vorbereitetes Gemüse soll nicht zerkleinert offen stehenbleiben.

Gemüse und Kartoffeln dünsten

Gemüse, auch Kartoffeln, sollten Sie *in möglichst wenig Wasser dünsten.* Verwenden Sie Töpfe mit Deckeln, und regeln Sie die Temperatur so, daß wenig oder kein Dampf entweicht. Dampfkochtöpfe bieten nur eine Zeitersparnis, keine Qualitätssteigerung. Wenn das Gemüse oder die Kartoffeln gar sind, sollte kein Kochwasser mehr übrig sein. Haben Sie trotzdem Kochwasser übrig, schütten Sie es bitte nicht weg; Sie können es für eine Suppe oder für eine Soße verwenden.

Kochen Sie Gemüse möglichst kurz und nicht zu weich. Beachten Sie den Ausdruck »etwas totkochen«. Tatsächlich gehen mit verlängerter Kochzeit immer mehr Vitamine verloren, ganz abgesehen davon leidet der Geschmack.

Halten Sie das Gemüse nicht warm, wenn Nachzügler zu erwarten sind, die noch essen wollen. Auch das vermindert den Wert und den Geschmack des Gemüses erheblich (bis zu 90 Prozent Vitaminverlust!). Lassen Sie es möglichst schnell abkühlen, und wärmen Sie es wieder auf, wenn es gebraucht wird.

Öl nicht mitkochen

Fügen Sie das Fett erst nach dem Kochen zu, wenn Sie das Gemüse vom Herd genommen haben. Kochen Sie das kaltgepreßte Öl mit, haben Sie das Geld für die ungesättigten Fettsäuren umsonst ausgegeben, denn diese werden durch den Kochvorgang chemisch verändert; es entstehen dabei sogar giftige Substanzen.

Salz soll ebenfalls erst nach Beendigung des Kochvorgangs zugegeben werden. Wird es dem Kochwasser beigefügt, laugt es das Kochgut aus.

Fasten: ein Reinigungsprozeß für Leib und Seele

Otto Buchinger, der berühmte Arzt, der dem Fasten wieder tieferen Eingang in das Repertoire ärztlicher Behandlungsmethoden verschafft hat, sagt: »Aufgrund 50jähriger Beobachtung am Krankenbett und in der Sprechstunde bin ich heute der Ansicht, daß die Heilmittel Luft, Licht, Wasser, Diät, Homöopathie, gut zureden und Fasten fast alles imstande zu leisten sind, was nötig ist, um die Menschen vor Krankheiten zu bewahren und sie von Krankheiten zu befreien.«

Fasten ist nicht Hungern

Leider glauben viele, Fasten sei nur für Dicke notwendig, damit diese ihre Pfunde verlieren. Oder sie verwechseln das Fasten mit dem Hungern und haben deshalb große Angst davor.

Fasten ist nicht schwer. Haben Sie sich zu einer Fastenkur entschlossen, ist es wichtig, vorher mit Ihrem Arzt darüber zu sprechen. Es gibt einige Krankheiten (zum Beispiel Überfunktion der Schilddrüse, Krebs), bei denen eine Fastenkur nicht angezeigt ist. Die erste Fastenkur sollte unbedingt von einem Arzt, der Erfahrung mit dem Fasten hat, überwacht und begleitet werden!

Die Wurzeln des Fastens

Das Fasten ist in allen Kulturen und Religionen bekannt. Die Ausübung der Medizin lag früher in Händen von Priestern und Eingeweihten. Sie alle wußten, daß das Fasten nicht nur den Körper von Krankheiten befreit, sondern in gleichem Maße »den inneren Menschen aus unerwünschten, quälenden und hemmenden Bindungen zu lösen vermöge« (Buchinger). Es ist also uraltes Wissen, »daß das Heilen des Körpers und das Heil der Seele untrennbar miteinander verbunden sind« (Buchinger).

Gut für Leib und Seele

So tun Sie mit dem Fasten nicht nur Ihrem Leib etwas Gutes, sondern auch Ihrer Seele. Beim Fasten müssen Sie mit körperlichen Krisen rechnen – nicht anders verläuft es im seelischen Bereich. Sie erleben Erschütterungen, die Sie viele Tränen kosten können: Trauer, ungeschminkte Selbsterkenntnis, Angst. Aber auch das sind Reinigungsprozesse. Haben Sie diese erst einmal überwunden, betrachten Sie manches aus anderer Sicht. Vieles erscheint einfacher und klarer; Schwierigkeiten verlieren an Gewicht; Sie fühlen sich leichter, erleichtert. Vielleicht entdecken Sie dann etwas von innerer Heiterkeit in sich, von innerem Aufgeschlossensein für »himmlische Dinge«.

Galen, ein Arzt, der im 2. Jahrhundert n. Chr. gelebt hat, schreibt, wenn die Seele von zu viel Fett und zu viel Blut erstickt werde, sei sie nicht fähig, »göttliche und himmlische Dinge einzusehen«.

Entgiftung des Körpers

Das *Teefasten* bei Magen-Darm-Krankheiten bedeutet eine enorme Entlastung, Reinigung und Schonung für das ganze System. Die Forderungen an den Verdauungstrakt sind völlig aufgehoben: Da Sie beim Teefasten keinerlei feste Nahrung zu sich nehmen, dürfen sich der Darm und die an der Verdauung beteiligten Drüsen ausruhen. Nur die Leber bekommt etwas mehr zu tun; ihre Aufgabe ist es ja, das mit Schadstoffen aus dem Darm angereicherte Blut zu entgiften. Andere Schlackenstoffe stammen aus den Fett- und Bindegewebedepots, die nun, da der Körper beim Fasten eigene Ressourcen mobilisieren muß, in den Kreislauf gelangen. Die Filter werden gereinigt: *Krankes geht, Gesundes bleibt.*

Verzicht auf feste Nahrung

Die Giftstoffe, die in der Leber für den Transport nach außen vorbereitet werden, verlassen den Körper über die Darmschleimhaut, über Lunge, Haut und Nieren. (Fastende riechen oft schlecht und haben eine belegte Zunge). Die Darmschleimhaut selbst wird zunehmend von allen Verkrustungen und Rückständen gereinigt und ist somit wieder in der

Lage, sich auch selbst aktiv an der Entgiftung zu beteiligen. Da diese Schlackenstoffe nun in den Blutkreislauf gelangen, kann es zu unangenehmen Erscheinungen kommen.

Fastenkrisen sind ein Zeichen dafür, daß »die Sache« in Gang kommt, und deshalb nicht unerwünscht. Sie müssen Ihnen darum auch keine Angst einjagen oder Sie glauben machen, das Fasten mache Sie erst recht krank. Sie können Kopfweh und Gliederschmerzen bekommen; es kann zu Übelkeit und Erbrechen kommen; sogar Schmerzen und Beschwerden, die Sie längst überwunden glaubten, können wieder auftreten. Auch Ihre Stimmung kann bis auf den Nullpunkt sinken. Sie sind sauer, mißgelaunt, traurig; Sie möchten immer weinen, Sie sind deprimiert. Das alles sind jedoch nur vorübergehende Zustände.

Viel trinken, Einläufe machen!

Sie können sich diese Situation erleichtern oder verkürzen, indem Sie viel trinken, Einlaufserien (→ Seite 76) machen, frische Luft tanken, sich aber auch einfach ins Bett legen, um den Bedürfnissen des Körpers nachzukommen.

Fasten ist völliger Verzicht auf feste Nahrung. Sie nehmen nur Kräutertees, Wasser und Gemüsebrühe (→ Rezept, Seite 68) zu sich. Frischsäfte bedeuten schon wieder Arbeit für den Darm. Wenn Sie noch kein geübter Faster sind, sollten Sie sich nicht während normaler Arbeitstage zum Fasten entschließen, sondern in den Ferien. Sie brauchen nämlich Ruhe und Zeit für sich. Oft tritt anfänglich auch ein großes Schlafbedürfnis auf, dem Sie ungehindert nachgeben können sollten.

So sieht ein Fastentag aus

Täglich morgens abführen!

Trinken Sie täglich morgens nüchtern, gleich nach dem Aufstehen ¼ Liter warmes Wasser, in dem Sie 1 Kaffeelöffel Bittersalz (Magnesiumsulfat) oder 1 Kaffeelöffel »F. X. Passage« aufgelöst haben. In solcher Konzentration passiert die Salzlösung Ihren Darm, ohne resorbiert zu werden, und bespült dabei dessen Schleimhaut, die dadurch von Rückständen gereinigt wird. Diese gelösten Giftstoffe bewirken – zusammen mit dem durch das Salz angeregten vermehrten Gallefluß – eine Stuhlentleerung, die häufig flüssig ist und mehrmals am Tag stattfinden kann. Erstaunlich ist immer wieder, wie lange auch beim Teefasten (→ Seite 63) noch feste Nahrungsbestandteile aus dem Darm »zum Vorschein kommen«.

Bei Stuhldrang: Einlauf

Je mehr Giftstoffe Sie über den Darm ausscheiden, desto häufiger haben Sie Stuhldrang, denn diese Gifte reizen die Schleimhaut im Enddarm, so daß der Stuhl nicht gehalten werden kann. In diesem Fall können Sie sich mit einer Einlaufserie Erleichterung verschaffen.

Trockenbürsten, Wechselduschen (→ Seite 69) und leichte Körperübungen nach der Einnahme von Bittersalz helfen Ihrem morgens vielleicht etwas lahmen Kreislauf auf die Sprünge und unterstützen gleichzeitig die Entgiftungsvorgänge (→ *Übungen und Selbstbehandlung,* Seite 69 und 70).

Frühestens ½ Stunde nach Einnahme des Salzes dürfen Sie frühstükken. Bereiten Sie sich einen leichten Kräutertee, den Sie als richtige Mahlzeit am gedeckten Tisch einnehmen, und zwar so, daß Sie ihn löffelchenweise essen und auch kauen. Eine Stunde vor dem Mittagessen legen Sie sich mit einem heißen Bauchwickel (→ Seite 77) ins Bett, um Darm und Leber optimal zu stimulieren.

Auch Brühe gut kauen

Das Mittagessen besteht aus einer heißen Gemüsebrühe (→ Rezept Seite 68), die Sie wiederum als richtige Mahlzeit am gedeckten Tisch, löffelweise und gut gekaut, zu sich nehmen. Als Abendessen bekommen Sie wieder einen leichten Kräutertee, diesmal mit einem Teelöffel Honig und einigen Tropfen Zitronensaft. Diese Mahlzeit muß wegen des Zusatzes von Honig ganz besonders gut gekaut und eingespeichelt werden.

Nehmen Sie alle Mahlzeiten in einem Abstand von mindestens 4 Stunden ein. Es empfiehlt sich, beim Fasten überhaupt eine gewisse Regelmäßigkeit im Tagesablauf einzuhalten, um die in ihrem Rhythmus möglicherweise gestörten Organe zu unterstützen. Trinken Sie den ganzen Tag über soviel wie möglich, und zwar frisch aufgebrühte Kräutertees und Mineralwasser. Insgesamt sollten Sie auf 2 bis 3 Liter Flüssigkeit außerhalb der Mahlzeiten kommen, das Bittersalz nicht mitgerechnet. Vermeiden Sie beim Fasten Hagebutten- und Hibiskustee, sie sind zu sauer. Kamillen- und Pfefferminztee sollten nur gelegentlich getrunken werden, sie haben ihre bestimmten Indikationsbereiche (→ Seite 83 und 84). Rauchen verträgt sich schlecht mit dem Fasten und wird meist von selbst aufgegeben, da es Übelkeit und Mißbehagen hervorruft.

Unterstützend für die Reinigungsvorgänge beim Fasten wirken Bäder, Reibesitzbäder, Wechselduschen, Fußbäder, Kneippsche Güsse (→ Seite 74 und 75), Sauna und Bewegung an der frischen Luft (→ Seite 70).

Wichtig: die Ausscheidung!

Wichtig: Die Ausscheidung der beim Fasten im Körper mobilisierten Giftstoffe über Haut und Schleimhäute spielt eine erstrangige Rolle! Werden diese Vorgänge nicht durch regelmäßige Darmentleerungen, durch reichliches Trinken, durch Anregung der Nierentätigkeit, der Ausscheidung über Haut und Atemluft gefördert und in Gang gehalten, kann es zu einer Selbstvergiftung des Körpers und dadurch zu schwerwiegenden Komplikationen kommen.

Der Übergang vom Fasten zum normalen Essen sollte sehr sorgfältig und langsam vor sich gehen, am besten eignet sich ein Aufbau über Milch-Semmel-Diät, Basensuppe und milde Ableitungsdiät (→ Seite 66 bis 68).

Darmreinigungskuren

Fastenkuren sind keine Hungerkuren, sondern Rastkuren für den Darm.

F. X. Mayr

Grundlegende Zielsetzung beim Teefasten (→ Seite 63), bei der Milch-Semmel- und auch bei der milden Ableitungsdiät ist die Schonung des überforderten Darms, um ihm eine Möglichkeit zu geben, sich zu reinigen und zu regenerieren.

In der Übung des Fastens und des gründlichen Kauens werden Sie erfahren, wie wenig Sie eigentlich brauchen, um satt zu sein; wie angenehm es ist, sich leichter zu fühlen, und wieviel an Sensibilität Sie gewinnen, wenn unnötiger Ballast von Ihnen abfällt. Die Durchführung der Kur ist bei allen drei Methoden gleich. Es ändert sich nur jeweils die Diätform und damit auch die Intensität. Völliger Nahrungsverzicht wirkt selbstredend tiefer und auch schneller. Jedoch haben die Milch-Semmel- und die milde Ableitungsdiät mit all ihren Variationsmöglichkeiten den Vorteil, daß sie auch im normalen Berufsalltag durchgeführt werden können – wenn keine andere Möglichkeit besteht. Generell ist aber zu sagen, daß Sie mehr von einer Kur profitieren, wenn Sie sich zugleich auch seelisch von den Alltagsbelastungen erholen können.

Unter ärztlicher Aufsicht

Eine Darmreinigungskur sollten Sie zumindest beim ersten Mal unter Aufsicht eines Arztes machen. Mit seiner Unterstützung können Sie die während der Kur möglicherweise auftretenden körperlichen und seelischen Krisen besser bewältigen. Die Intensität der Giftbelastung aus dem nun stattfindenden Zellabbau kann stärker sein, als ein Fastender ohne ärztlichen Beistand zu bewältigen vermag. Manchmal ist auch eine Änderung der Fastenstrategie notwendig. Unentbehrlich sind die vom Arzt durchzuführenden manuellen Bauchbehandlungen (→ Seite 87).

Kürzere Fastenzeiten oder einige Tage, an denen Sie die Milch-Semmel- oder die milde Ableitungsdiät mit aller nötigen Sorgfalt einhalten, können und sollen immer wieder die alltäglichen Essensgewohnheiten zu Hause unterbrechen. Neben der erwünschten Schonung für den Darm können Sie damit ein Training des Willens und eine Rückbesinnung darauf verbinden, daß es nicht selbstverständlich ist, wenn wir immer genug zu essen haben.

Die Milch-Semmel-Diät

Eine ähnlich tiefgreifende Wirkung wie das Teefasten hat die Milch-Semmel-Diät nach Dr. F. X. Mayr, bei der Sie »etwas zwischen die Zähne« bekommen. Dr. Mayr hierzu: »Nicht nur das Fasten haben wir zu üben, sondern auch das richtige Essen.«

Richtig essen = gut kauen!

Richtiges Essen heißt kauen. Kauen Sie! Kauen Sie so lange, bis die feste Nahrung im Mund flüssig geworden ist. Dazu eignet sich vorzüglich die Kursemmel (→ Rezept Seite 67).

Milch enthält in rohem Zustand alle wesentlichen Nahrungsstoffe, die wir brauchen, außerdem ist sie ein hervorragendes Entgiftungsmittel. Sie darf bei dieser Diätform aber *nicht getrunken* werden! Statt süßer Milch kann man auch Sauermilch oder Bioghurt verwenden (nicht Buttermilch, sie bläht) oder, bei Widerwillen gegen Milch überhaupt, diese mit Malzkaffee nehmen oder statt dessen Haferbrei essen. Bei großer Schadstoffbelastung der Milch, wie es leider zunehmend der Fall ist, sollte überhaupt auf Getreidekaffee mit nur wenig Milch ausgewichen werden.

Jeden Bissen 30- bis 40mal kauen

So ißt man die Milch-Semmel-Diät: Beißen Sie von der in Scheiben geschnittenen Kursemmel ein Stückchen ab, kauen Sie dieses 30- bis 40mal, bis die Semmel flüssig ist und süß schmeckt. Nun nehmen Sie ein Löffelchen Milch hinzu, vermischen das Ganze im Mund gründlich; erst dann wird geschluckt. Hören Sie sofort mit dem Essen auf, wenn Sie ein leichtes Sättigungsgefühl spüren. Lassen Sie dann auch die Milch stehen; sie darf nicht nachgetrunken werden.

Wenn Sie für eine Semmel 40 bis 60 Minuten brauchen, bekommen Sie die Note Eins! Erinnern Sie sich, daß Sie sonst eine Semmel mit Aufstrich mit maximal 6 Bissen verschlungen haben? Auf diese Weise erhält der Magen-Darm-Trakt nur flüssige Nahrung.

Abführen, viel trinken

Die morgendliche Einnahme von Bittersalz und das viele Trinken tagsüber werden ebenso praktiziert wie beim Teefasten. Auch ein regelmäßiger Tagesablauf mit Bettruhe vor der mittäglichen Mahlzeit ist wichtig für das Gelingen der Kur. Abends sollten Sie keine Milch zu sich nehmen. Das Abendessen besteht aus Tee mit Honig und etwas Zitrone. Wenn Sie eine Semmel dazu essen wollen, ist nichts dagegen einzuwenden; sie muß aber entsprechend gekaut werden.

Widersteht Ihnen im Laufe der Kur die Semmel oder verspüren Sie überhaupt einen Widerwillen gegen Essen, können Sie ohne Bedenken einige Tage zum Teefasten überwechseln oder die eine oder andere Mahlzeit ausfallen lassen.

Auch bei dieser Form des Fastens ist die manuelle Bauchbehandlung (→ Seite 87) angezeigt und sollte möglichst täglich von einem darin ausgebildeten Arzt durchgeführt werden.

Der Übergang zum normalen Essen erfolgt über eine Zulage von Quark zu jeder Mahlzeit, statt dessen ist auch ein weichgekochtes Ei oder wenig milder Rinderschinken – am Morgen genommen – erlaubt. Den Abschluß der Kur bilden – je nach Zustand des Fastenden – einige Tage mit milder Ableitungsdiät.

Die milde Ableitungsdiät

Heilkost

Diese Diät ist eine Heilkost, die ein Bindeglied zwischen Milch-Semmel-Diät und biologischer Vollwertkost darstellt. Auch sie ist eine »Mayr-Kur«, da die Kau-Übung im Vordergrund steht. Sie wurde von Dr. Erich Rauch, einem Schüler von Dr. F. X. Mayr, entwickelt.

Während dieser Diät-Kur verzichten Sie auf alles Rohe, Süße, auf Kaffee, Alkohol und schwarzen Tee. Sie nehmen nur leicht verdauliche Kost zu sich, die Sie erfahrungsgemäß gut vertragen und die schonend zubereitet wird. Sie kauen sorgfältig und beenden Ihre Mahlzeit, wenn Sie leicht gesättigt sind. Sie nehmen täglich 3 Mahlzeiten ein. Frühstück und Abendessen gleichen der Überleitungskost zum normalen Essen bei der Milch-Semmel-Diät: Es gibt zur Kursemmel also kleine Zulagen wie Butter, Quark, Ei. Das Mittagessen ist eine richtige Mahlzeit aus Gemüse, Getreide und in kleinen Mengen auch Fisch oder Fleisch.

Täglich 3 Mahlzeiten

Im übrigen beachten Sie alle für das Fasten (→ Seite 62 bis 65) oder die Milch-Semmel-Diät angegebenen Richtlinien.

Diät-Rezepte

Kursemmel: Immer wieder wird die Frage gestellt, ob eine Semmel aus Weißmehl nicht abzulehnen sei. Günstig bei Weißmehlsemmeln sind ihre Quellfähigkeit und die geringen Anforderungen, die sie an die Verdauungsleistung stellen. Der Mittelweg, die Semmel halb aus Weiß- und halb aus Vollkornweizenmehl backen zu lassen, ist ein möglicher Kompromiß. Dabei muß der Weizen aber sehr fein gemahlen sein. Eine Grahamsemmel ist zu grob.

Zubereitung: Breiten Sie die Semmeln auf einem Holztisch oder einem Brett in einem ungeheizten Raum aus. Je nach Luftfeuchtigkeit benötigen die Semmeln nun 3 bis 5 Tage, bis sie als Kursemmeln zu gebrauchen sind. Sie müssen die Semmeln immer wieder wenden und darauf achten, daß sie nicht zu trocken werden, da sie sonst beim Schneiden springen. Sie sollen etwa die Konsistenz eines Radiergummis haben, also eindrückbar sein.

Es kommt eben darauf an, daß die Kursemmeln »richtig« sind, weil sonst das Kauen nicht geübt werden kann und der Speichel nicht zum Fließen kommt. Aufbewahrt werden sie in einem Tontopf mit Deckel oder in einem gut verschließbaren Papiersack. Plastiktüten sind problematisch, weil die Semmeln darin leicht schimmeln. Sie einzufrieren ist möglich und besonders in der warmen Jahreszeit günstig. Sie tauen dann nur so viele Semmeln auf, wie Sie für einen Tag brauchen.

Aus Gemüseabfällen

Gemüsebrühe: Sie ist hervorragend geeignet als Grundlage für Suppen und Soßen und sollte immer zur Verfügung sein. Gewöhnen Sie sich an, Ihre Gemüseabfälle nicht wegzuwerfen, sondern sie in einen dafür bereitgestellten Topf zu geben.

Verwenden Sie für die Gemüsebrühe alle Gemüseabfälle, die nicht faulig oder schlecht sind: also Blätter, Wurzeln, Schalen. Sie müssen nur sauber gewaschen werden.

Oder Sie nehmen: 1 Mohrrübe, 1 Kartoffel, ¼ Sellerieknolle, 1 Knolle rote Bete in beliebiger Zusammensetzung, Petersilie und andere Küchenkräuter, frisch oder getrocknet. Vorsicht mit Lauch, Zwiebeln und Kohl! Sie haben blähende Wirkung.

Zubereitung und Anwendung: Das Gemüse in Stücke schneiden, mit 1 Liter Wasser kalt aufstellen und 30 Minuten zugedeckt kochen lassen, dann abgießen. Diese Brühe soll *gekaut* werden.

Altbewährt

Basensuppe: Basensuppen sind wohlschmeckend, leicht verdaulich und tun deshalb den angegriffenen Magen- und Darmschleimhäuten sehr gut. Lang gekochte Mohrrübensuppe ist ein altbewährtes Mittel, um Menschen, die unfreiwillig lange gehungert haben, wieder langsam an Essen zu gewöhnen. Statt Mohrrüben können Sie auch jedes andere, leicht verdauliche Gemüse verwenden. Grundlage bleibt aber die Kartoffel.

Zubereitung und Anwendung: 1 große Kartoffel mit oder ohne Schale und 1 Mohrrübe mit ¼ Liter Wasser kalt aufstellen und zugedeckt etwa 20 Minuten kochen lassen. Das Gemüse soll gut weich sein. Anschließend das Ganze in den Mixer schütten oder das Gemüse mit der Gabel zerdrücken. Wenig Salz, ½ Kaffeelöffel frische, feingehackte Kräuter und 1 Eßlöffel saure Sahne zugeben. Fertig! Kauen!

Nach einem vorausgegangenen Durchfall lassen Sie die Kräuter und die saure Sahne weg.

Gemüsetrank

Kü-Ka-Lei-Wa: Dieser basenüberschüssige Gemüsetrank wirkt entsäuernd, schleimhautpflegend, entzündungswidrig und entblähend.

Zubereitung und Anwendung: 2 mittlere Kartoffeln, ungeschält und in Stücke geschnitten, 2 Kaffeelöffel Leinsamen, 2 Kaffeelöffel Fenchel- oder Kümmelfrüchte in 2 Liter Wasser 20 Minuten kochen lassen, abseihen. Über 2 Tage verteilt warm trinken. Als erstes morgens, etwa ½ Stunde vor dem Frühstück, als letztes abends, den Rest tagsüber.

Die Grundzusammensetzung kann durch anderes Gemüse ergänzt oder variiert werden.

Haferschleim: 1 Eßlöffel feine Vollkornhaferflocken, etwas Salz, mit ¼ Liter Wasser kalt aufstellen und ½ Minute unter Umrühren kochen lassen.

Haferbrei: 2 Eßlöffel grobe Vollkornhaferflocken, etwas Salz, mit ¼ Liter Wasser kalt aufstellen und 1 Minute unter Umrühren kochen lassen.

Übungen und Selbstbehandlung während der Fastenkuren

Morgendliche Bürstenmassage

Regt den Kreislauf an

Die Bürste, die Sie verwenden, darf nicht zu hart sein, sehr gut eignet sich Sisal. (Um auch den Rücken gut zu erreichen, gibt es Bürstenbänder mit Griffen.) Sie beginnen mit kreisenden Bewegungen am rechten Fuß, bearbeiten sorgfältig Außen- und Innenknöchel, Wade, Knie, Oberschenkel hinten und vorne (seitlich und innen nicht vergessen). Anschließend bürsten Sie entsprechend das linke Bein. Am Oberkörper beginnen Sie wieder rechts, und zwar mit der Hand und dem Arm, dann aufsteigend bis zur Schulter, die einige Extra-Bürstenkreise bekommt. Nach dem linken Arm bürsten Sie den Rücken kräftig ab, dabei die Pobacken und Hüften nicht vergessen. Beschließen Sie die Massage mit etwas sanfteren kreisenden Touren auf dem Bauch und um die Brüste herum.

Morgendliche Wechseldusche

Macht frisch und munter

Sie fangen mit warmem Wasser an und wechseln zu kaltem, sooft Sie wollen. Die Abschlußdusche ist kalt. Trocknen Sie sich mit einem Leinenhandtuch ab, und reiben Sie dabei tüchtig, so daß sich Ihre Haut danach warm und belebt anfühlt.

Tautreten

Nach Möglichkeit gehen Sie in der warmen Jahreszeit nach dem Duschen 5 Minuten mit bloßen Füßen hinaus ins Gras und spüren genußvoll den Boden, die erfrischende Kühle. Dehnen Sie Ihre Füße ganz aus, stehen Sie, gehen Sie, nehmen Sie wahr, wie die Rundungen Ihrer Fußsohlen sich dem Boden anschmiegen. Trocknen Sie Ihre Füße nach Abschluß der Übung nicht ab, ziehen Sie einfach dicke wollene Socken an.

Barfußgehen

Gesund für den ganzen Körper

Benutzen Sie jede Gelegenheit, um barfuß zu gehen! Sie lassen sich dabei selbst eine Fußzonenreflexmassage angedeihen. Vielleicht sind Sie anfangs etwas unbeholfen und finden, Ihre Füße seien dafür zu schmerzempfindlich. Mit zunehmender Erfahrung werden Sie aber bemerken, wie sich Ihre Füße, wenn Sie ihnen genügend Zeit lassen, jeder Bodenbeschaffenheit, auch Steinen, willig anpassen und dabei warm und elastisch werden.

Bauchbehandlung nach Rosendorff

Wenn Sie abends im Bett liegen oder sich morgens vor dem Aufstehen dafür Zeit nehmen wollen, legen Sie sich entspannt auf den Rücken und streichen Sie sich mit der flachen Hand weich über den Bauch: zuerst kreisförmig im Uhrzeigersinn außen herum, so daß Sie die knöcherne Umrandung des Bauches spüren, dann in immer kleiner werdenden Rundungen nach innen, bis zum Nabel, und wieder zurück. Machen Sie die Behandlung langsam, und wiederholen Sie sie mehrmals. Danach

Mit weicher Hand

streichen Sie – unter der Brust am Rippenbogen beginnend – von oben nach unten über den Bauch.

Bei allen Bewegungen soll die behandelnde Hand vom ganzen Arm geführt werden, damit die Hand selbst weich bleibt und sich den Körperkonturen anpassen kann.

Bewegung: durch körperliche Betätigung zu gesunden Organen

Bringen Sie sich einmal täglich in Schwung

Bewegung hält den Kreislauf in Schwung. Ein durch körperliche Bewegung aktivierter Kreislauf versorgt alle Organe und Organsysteme unseres Körpers mit genügend Sauerstoff. Deshalb sollten Sie sich ganz bewußt wenigstens einmal am Tag in Schwung bringen. Das kann »nebenbei« geschehen, indem Sie, statt mit dem Aufzug zu fahren, die Treppen hochlaufen oder bei Ihrem Spaziergang eine Minute richtig rennen, so daß Sie ins Schnaufen kommen, möglichst auch ins Schwitzen.

Leiden Sie an Verstopfung, müssen Sie etwas mehr tun, und nicht nur an den Wochenenden, sondern täglich! Es ist zweckmäßig, sich für solche Vorhaben eine bestimmte Tageszeit zu reservieren. Das erleichtert den Entschluß, die Übung auch wirklich zu machen und sich nicht jedesmal wieder überlegen zu müssen: »Will ich oder will ich nicht?«

Laufen

Locker, spielerisch

Beim Laufen ist es wichtig, ganz langsam anzufangen und Geduld mit sich zu haben. Rennen Sie nicht, wie »von der Tarantel gestochen«, sondern laufen Sie so gemächlich, daß Sie sich, ohne völlig außer Atem zu kommen, nebenbei unterhalten könnten. In der ersten Woche laufen Sie täglich 1 Minute, in der zweiten Woche 2 Minuten, in der dritten Woche 3 Minuten und so fort. Steigern Sie die Zeit so lange, bis Sie die richtige Zeitdauer für sich herausgefunden haben. Diese Zeit behalten Sie bei. Und selbstverständlich laufen Sie nicht mit vollem Magen!

Seilspringen

Besorgen Sie sich ein gutes Springseil, und steigern Sie allmählich die Zeit, zwischendurch vielleicht auch die Geschwindigkeit. Machen Sie die Übung in einem ungeheizten Raum, am offenen Fenster oder im Freien.

Yoga

Viele Yogaübungen können einen trägen Darm wieder in Ordnung bringen. Die geeigneten Übungen (→ Seite 71) finden Sie in jedem guten Anleitungsbuch für Hatha-Yoga (→ *Bücher, die weiterhelfen,* Seite 95).

Lassen Sie sich nicht durch Photos oder Bilder der einzelnen Stellungen dazu verleiten, nur Perfektion anzustreben. Viel wichtiger ist, daß Sie die Übungen langsam machen, sich selbst während der Übungen aufmerksam beobachten und genau spüren, wo Ihre Grenzen sind. Ver-

Das eigene Maß finden

weilen Sie an diesem Punkt, vergessen Sie nicht zu atmen, und beenden Sie die Übung an dieser Stelle. Wenn Sie eine gewisse Regelmäßigkeit beibehalten, werden Sie sehr bald feststellen, daß Sie Fortschritte machen.

Wählen Sie einen möglichst ungestörten Ort für Ihre Übungen, damit Sie sich gut konzentrieren können.

Übungen bei Verstopfung und Verdauungsbeschwerden: Kerze, Baucheinzieher, Twist, Kobra, Bogen, Heuschrecke, Pflug, Berg, Pumpe, Dreieck, Fisch, Kopf-zum-Knie-Streckung, Zehen-Balance.

Stellen Sie sich ein kleines Programm zusammen, das Sie mit der Zeit ohne Anleitung beherrschen und dessen Ablauf zu einer Selbstverständlichkeit für Sie wird.

Entspannung: Konzentration nach innen

Übungen zur Entspannung sind ein Weg, sich seiner Spannungen bewußt zu werden, sie zu lösen und sich dadurch wieder in die rechte Spannung zu bringen. Entspannen heißt nicht, sich in Erschlaffung üben.

Atemübungen

In den Bauch atmen

Wenn wir kleinen Kindern zuschauen, wie sie atmen, sehen wir, daß sich bei jedem Atemzug der Bauch mitbewegt: Beim Einatmen hebt er sich, beim Ausatmen senkt er sich wieder. Brust und Bauchraum scheinen eine Einheit zu bilden und in ungehinderter Kommunikation zu stehen.

Je älter wir werden, desto mehr Wert legen wir darauf, daß unser Bauch möglichst wenig sichtbar ist. »Bauch rein, Brust raus« ist die Haltung, die wir zunehmend einüben. Das hat zur Folge, daß

- wir nur mit einem Teil der Atemluft leben, die uns eigentlich zur Verfügung steht, denn wir beschränken die Atmung allein auf den Brustraum und nutzen die Möglichkeit einer Ausdehnung der Lunge zum Bauchraum hin nicht aus;
- der Atem als »Beweger« unserer Eingeweide nicht in Erscheinung treten kann;
- wir uns von unseren Gefühlen abschneiden. Wir spüren das deutlich, wenn wir tief seufzen oder einmal richtig weinen: Der ganze Bauchraum bis hinunter zum Becken wird erschüttert. Wir müssen tief Luft holen, und fühlen uns – wenn wir diesen Vorgang zulassen – hinterher erleichtert. Der Strom unserer Gefühle durfte fließen.

Ähnliches geschieht beim Lachen. Auch hier geraten Bauch und Zwerchfell in Schwingung. Wir müssen uns »den Bauch halten«.

Ein wesentlicher Ansatz östlicher und westlicher Übungswege, um den Bauch als Leibesmitte (Hara), als Zentrum unserer Lebenskraft (Chi), als Wurzelraum unseres Fühlens wieder zugänglich zu machen, ist der Umgang mit dem Atem.

Dem Atem Raum geben

Bei Atemübungen geht es nicht darum, den Atem zu »machen«, sondern ihm zu erlauben, sich auszubreiten, ihm Raum zu geben. Das bedeutet auch, daß Sie wach sind und die Übungen aufmerksam begleiten. Alles Mechanische soll vermieden werden.

Für Atemübungen brauchen Sie Zeit und einen ruhigen und ungestörten Ort. Die Übungen im Liegen sollten möglichst auf dem Boden und mit warmer Unterlage, nicht auf einem Sofa oder Bett durchgeführt werden. Üben Sie in bequemer, aber warmer Kleidung, so daß Sie nicht frieren; sorgen Sie vor allem auch für warme Füße. Der Raum für Ihre Übungen sollte nicht zu warm sein, die Zufuhr von frischer Luft bei etwas geöffnetem Fenster wäre ideal. Im Sommer können Sie natürlich auch im Freien üben.

Atemübungen für jeden Tag

Erste Übung, die Grundübung, mit der Sie alle folgenden Übungen beginnen: Legen Sie sich ausgestreckt auf den Rücken, die Hände seitlich von Ihrem Körper auf den Boden, die Fußspitzen fallen locker nach rechts und links zur Seite. Schließen Sie die Augen, und spüren Sie, wie Ihr Kopf, die Schultern, Rücken, Gesäß, Arme und Beine dem Boden aufliegen. Ihre Lippen liegen locker aufeinander. Lassen Sie sich dabei viel Zeit. Beobachten Sie, wie Ihr Atem kommt und geht. Stellen Sie sich vor, wie sich der Brustraum beim Einatmen mit Luft füllt, sich dabei die Rippen weiten und das Zwerchfell nach unten gedehnt wird. Legen Sie nun eine Hand auf den Bauch, und versuchen Sie, in diese Hand zu atmen. Sie bemerken, daß sich der Bauch beim Einatmen hebt und beim Ausatmen senkt. Atmen Sie lange aus und warten Sie, bis der Einatem von selbst zurückkommt.

Haben Sie Geduld mit sich

Lassen Sie sich nicht entmutigen, wenn die Übung nicht gleich gelingt. Helfen Sie sich immer wieder mit der Vorstellung, wie sich das Zwerchfell beim Einatmen nach unten ausdehnt, und spüren Sie Ihre auf dem Bauch liegende Hand.

Machen Sie diese Übung anfangs nur ein paar Atemzüge lang. Je besser sie Ihnen gelingt, desto mehr Zeit werden Sie dafür aufbringen.

Zweite Übung: Sie liegen auf dem Boden; entspannen Sie sich, und spüren Sie Ihren Körper auf der Erde. Legen Sie sich einen Tennisball unter das Kreuzbein. Das ist zunächst ungewohnt und tut sogar etwas weh. Atmen Sie wieder in den Bauch, und stellen Sie sich vor, Ihr Ausatem würde wie ein kleiner Strom an der Stelle, wo der Ball liegt, vorbeistreichen, zum Ende des Steißbeins fließen und dort Ihren Körper verlassen. Wiederholen Sie diese Übung 10mal.

Dritte Übung: Sie liegen auf dem Boden; legen Ihre Hände auf die linke beziehungsweise rechte Leiste. Atmen Sie tief ein, bis hin zu Ihren Händen. Spüren Sie, wie es allmählich unter Ihren Handflächen warm wird? Der Ausatem strömt wie in der zweiten Übung über Kreuzbein und Steißbein nach draußen.

Vierte Übung: Sie liegen auf dem Boden; Ihre Hände auf den Leisten. Lassen Sie Ihren Einatem wie bei der dritten Übung bis in die Leisten fließen, geben Sie sich aber noch Zeit für die Vorstellung, er würde Ihren ganzen Beckenraum bis hin zum Beckenboden, zum Geschlecht, zum Darmausgang erfüllen. Atmen Sie über Kreuz- und Steißbein aus, und wiederholen Sie diese Übung 10mal.

Fünfte Übung: Ziehen Sie die Beine in Rückenlage bis zum Gesäß an, und lassen Sie die Knie zur einen Körperseite sinken. Atmen Sie, stellen Sie sich ein »Atemloch« (in der Akupunktur Hui Yin genannt) zwischen After und Geschlecht vor. Dort 10mal ein- und ausatmen, anschließend die Übung mit den Knien zur anderen Körperseite wiederholen.

Bewußt atmen

Sechste Übung – Hecheln und Bauchschnellen: Versuchen Sie einen Hund nachzuahmen, wenn er schwitzt. Er läßt dabei die Zunge aus dem Maul hängen und bewegt Zwerchfell und Bauch ganz schnell auf und ab. Eine Variation des Hechelns ist das Bauchschnellen. Sie atmen, am Boden liegend, tief ein und aus, so daß Sie während der eigentlichen Übung nicht mehr zu atmen brauchen. Ziehen Sie den Bauch tief ein, und lassen Sie ihn ganz plötzlich wieder hochschnellen, um ihn sofort wieder einzuziehen. Es kommt darauf an, daß Sie den Bauch mit aller Kraft einziehen. Haben Sie nach der Übung wieder genug Luft geholt, wiederholen Sie sie mehrmals.

Siebte Übung im Sitzen: Legen Sie die Hand auf den Bauch, und atmen Sie in die Hand hinein.

Nicht verkrampfen

Achte Übung im Sitzen: Sie setzen sich, ohne sich anzulehnen, auf einen ungepolsterten Stuhl oder Hocker, und zwar so, daß Sie Ihre Sitzknochen auf dem vorderen Drittel der Sitzfläche spüren. Ihre Füße stehen fest auf dem Boden, die Oberschenkel verlaufen parallel zueinander, sind aber nicht aneinandergepreßt, die Wirbelsäule ist möglichst gestreckt. Setzen Sie sich nun mit den Sitzknochen in Ihre Handflächen und atmen Sie in Ihre Handflächen ein und aus. Achten Sie dabei darauf, daß Sie die Schultern nicht hochziehen. Sobald Sie ein gutes Gespür für Ihre Sitzknochen bekommen haben, legen Sie die Hände einfach locker auf die Knie und machen die Übung in dieser Haltung.

Neunte Übung im Sitzen: Einatmen, beim Ausatmen lachen auf ha-ha-ha.

Zehnte Übung im Sitzen: Lehnen Sie sich über eine Stuhllehne zurück, dehnen Sie sich mit ausgestreckten Armen, und atmen Sie tief in den Bauch hinein.

Möglicherweise machen Ihnen diese einfachen Übungen mit der Zeit soviel Spaß, daß Sie sich dazu entschließen, eine Atemtherapie unter Anleitung eines ausgebildeten Atemtherapeuten zu machen.

Autogenes Training

Selbstentspannung

Das autogene Training ist eine Übung für eine tiefe Entspannung, die Einfluß auf die Funktionen des vegetativen Nervensystems (→ Seite 13 und 17) nimmt.

Sie können das autogene Training in einem der zahlreich angebotenen Kurse, in Arztpraxen oder Volkshochschulen lernen. Das hat den Vorteil des gemeinsamen Übens in einer Gruppe, das die Entspannung erleichtert, vor allem wenn Sie sehr zappelig sind und schlecht zur Ruhe kommen. Eine andere Möglichkeit: Sie machen sich selbst an die Arbeit und lernen die Übungen mit Hilfe eines Buches, am besten »Autogenes Training für jeden« von Prof. Dr. Langen (→ Seite 95). Professor Langen sagt gleich zu Anfang: »Das Wesentlichste am autogenen Training ist, daß man es regelmäßig durchführt.«

Das Wort »autogenes Training« läßt einen glauben, es drehe sich um eine schwierige Angelegenheit. Das aber ist nicht der Fall; autogen heißt »selbst«, Training heißt »Übung« – Sie üben sich also selbst. Wenn Sie das autogene Training erst erlernt haben, brauchen Sie dabei keine besonderen Räumlichkeiten oder Vorrichtungen. Sie können jede Gelegenheit nutzen, die Ihnen ein wenig Zeit für sich selbst läßt. Das kann während einer Fahrt in der U-Bahn oder in der kleinen Mittagspause im Büro sein.

Erholung durch Entspannung

Sie entspannen sich für einige Minuten, nehmen sich aus dem alltäglichen Getriebe heraus und fühlen sich danach gut erholt und wieder in der rechten Spannung. Autogenes Training kann allmählich Ihre Lebenseinstellung verändern, weil es Ihnen selbst die Möglichkeit in die Hand gibt, sich unabhängig von äußeren Umständen zu regenerieren.

Wasseranwendungen als heilsame Reize

Durch praktische Anwendungen wie zum Beispiel Bäder, Güsse, Wickel, Einlauf haben Sie einerseits die Möglichkeit, leichte Erkrankungen selbst zu behandeln, andererseits können Sie damit die Anordnungen des Arztes unterstützen, denn Sie regen die Heilungsvorgänge auf natürliche Weise an. Regelmäßig, das heißt täglich für mindestens 3 Wochen durchgeführt, können Sie mit deutlich spürbaren Erfolgen rechnen.

Bäder

So wirken Bäder

Bäder wirken auf zweierlei Weise: *Lokal,* also am Ort der Wassereinwirkung, werden Veränderungen der Blutzirkulation und des Lymphflusses in Gang gesetzt. Die Haut als Ort wichtiger Ausscheidungsvorgänge wird angeregt, diese zu intensivieren, so daß – wie vor allem beim Reibesitzbad oder beim Rumpfreibebad (→ Seite 75) – der Strom von innen nach außen erleichtert wird und damit Entgiftung stattfindet.

Außerdem bewirken Bäder einen Reflexzonenreiz an *entfernt liegenden Körperstellen.* Sie kennen die Geschichte vom Schnupfen, den Sie sich »holen«, wenn Sie nasse Füße bekommen. Ein Wechselfußbad zum Beispiel kann Kreislauffunktionen beleben.

Badezusätze intensivieren je nach Wunsch die lokalen Wirkungen.

Fußwechselbad

Sie benötigen 2 Fußbadewannen oder eine Fußbadewanne und eine Dusche sowie einen Hocker zum Sitzen.

Zur Kreislaufbelebung

So wird's gemacht: In eine der Wannen füllen Sie gut warmes, in die andere Wanne kaltes Wasser. Sie beginnen, indem Sie Ihre Füße in die Wanne mit dem warmen Wasser *hängen.* Die Füße dürfen nicht auf dem Boden der Wanne stehen, denn auch die Fußsohlen müssen vom Wasser bespült werden. Das Wasser sollte mindestens bis über die Knöchel, höchstens aber bis zur halben Wade reichen. Bleiben Sie 5 Minuten im warmen Wasser, und wechseln Sie dann ins kalte, oder duschen Sie sich die Füße kalt ab. Beide *Kaltwasseranwendungen* dauern nur etwa ½ Minute. Danach wiederholen Sie den Vorgang noch 1- oder 2mal.

Trocknen Sie nach Beendigung des Bades das Wasser nicht ab, sondern streifen Sie es mit den Händen von der Haut. Anschließend warme Wollsocken anziehen.

Sitzbad

Sie brauchen dafür eine Sitzbadewanne oder ein tiefes Duschbecken.

So wird's gemacht: Sie sollen *nur mit dem Becken in der Wanne sein* – Beine und Füße werden nicht in das Bad einbezogen –, das Wasser reicht etwa bis zum Bauchnabel. Je nach Indikation ist die Wassertemperatur warm oder kühl. Als Badezusätze werden Kamillentee (→ Seite 84) oder Eichenrindenabkochung (→ Seite 83) dem Wasser im Verhältnis 1:10 beigegeben.

Reibesitzbad für Frauen (nach Louis Kuhne)

Entgiftet, regt an

So wird's gemacht: In Ihr Duschbecken oder in die Badewanne stellen Sie eine hohe Fußbadewanne, die Sie mit handwarmem Wasser füllen. Setzen Sie sich mit entblößtem Unterkörper auf ein kleines Holzbrett, das Sie quer über die Fußbadewanne legen, und zwar so, daß Sie vor sich genügend Platz haben, um mit einem Waschlappen oder mit einem Naturschwamm Wasser zu schöpfen. Reiben Sie nun, wobei Sie Ihren Lappen oder Schwamm möglichst oft ins Wasser tauchen, Ihre Leisten, Ihre äußeren Geschlechtsteile, Ihren Darmausgang und die Hautpartien drum herum kräftig ab. Sie sollten ordentlich plantschen! Badedauer etwa 15 bis 20 Minuten. Während der Prozedur muß der Raum, in dem Sie das Bad machen, warm sein. Oben herum müssen Sie warm angezogen sein; die Füße stecken am besten in Wollsocken. Das Wasser sollte täglich ein wenig kühler werden, so daß Sie nach etwa einer Woche bei kaltem Wasser angelangt sind, bei dem Sie dann bleiben sollten.

Das Reibesitzbad – nicht zu verwechseln mit dem Sitzbad – *hat eine außerordentlich entgiftende und anregende Wirkung auf Becken- und Bauchorgane.*

Entsprechend dem Reibesitzbad gibt es das

Rumpfreibebad für Männer

So wird's gemacht: Statt der hohen Fußbadewanne benötigen Sie eine Sitzbadewanne oder ein Duschbecken mit erhöhtem Rand. Es ist wichtig, daß Sie *nur mit dem Po in der Wanne sitzen* und *die Füße über den Rand hängen lassen.* Das Badewasser soll bis zum Nabel reichen. Mit Schwamm oder Waschlappen bearbeiten Sie die Teile Ihres Körpers, die von Wasser bedeckt sind, und verfahren im übrigen so, wie beim Reibesitzbad angegeben.

Kneippsche Güsse

Kaltes Wasser nur auf warme Haut!

Hierbei sind einige Grundregeln zu beachten: *Verwenden Sie nur heißes oder kaltes Wasser, lauwarmes hat keine Wirkung.* Der Raum, in dem die Güsse angewendet werden, muß warm sein. Wenn Sie sich selbst warm fühlen, verwenden Sie kaltes Wasser; wenn Ihnen kalt ist, nehmen Sie heißes. Trocknen Sie sich nach dem Guß nicht ab, sondern streifen Sie das Wasser mit den Händen von der Haut. Anschließend ziehen Sie vorgewärmte Wäsche an, vor allem aber warme Socken.

Der **Unterguß** umfaßt den ganzen Unterkörper: Füße, Beine, Kreuz oder Lendengegend bis zum Rippenbogen und den Bauch.

So wird's gemacht: Mit Dusche oder Wasserschlauch führen Sie den Strahl, der nur so stark sein darf, daß sich das Wasser wie ein Mantel um die Haut legt, an den Füßen beginnend, beinaufwärts bis zum Rippenbogen, danach zurück; erst hinten, dann vorne, erst rechts, dann links.

Bewährt bei Stauungszuständen

Der Unterguß bewährt sich bei Stauungszuständen im Magen und Dickdarm, in der Leber und Bauchspeicheldrüse.

In derselben Weise können Sie auch einen **Wechselguß** mit heißem und kaltem Wasser durchführen. Der Guß wird mit kaltem Wasser beendet.

Der **Knieguß** ist besonders wirksam bei Hämorrhoiden. Sie begießen dabei, entsprechend der beim Unterguß angegebenen Reihenfolge, Ihre Beine bis zu den Knien.

Einlauf

Bei der Behandlung von Erbrechen, Durchfall und Verstopfung, bei vielen Magen-Darm-Beschwerden hat der Einlauf hervorragende Wirkung:

Entleerung, Entgiftung

- Durch die gründliche Entleerung des Dickdarms kommt es zu einer starken Entgiftung des Körpers über den Darm.
- Durch die gründliche Darmentleerung wird die Verdauungstätigkeit angeregt, was vor allem bei Neigung zu Verstopfung wichtig ist.

Zur Durchführung eines Einlaufs benötigen Sie einen Irrigator oder ein Klysopomp. Beide Geräte bekommen Sie in Apotheken oder medizinischen Fachgeschäften, letzteres wahrscheinlich nur auf Bestellung. Bei Benutzung des Irrigators brauchen Sie entweder eine Hilfsperson, die Ihnen das Gerät hochhält, oder einen Haken in der Wand, an dem Sie das Gefäß aufhängen können.

So wird's gemacht: Füllen Sie das Gefäß mit etwa 1 Liter handwarmem Wasser. Das zum Einführen in den After bestimmte Ansatzstück am Ende des Schlauches bestreichen Sie mit Vaseline oder einer gewöhnlichen Handcreme, um es gleitfähig zu machen. Sie knien sich am besten auf den Boden, führen das Schlauchende behutsam ein und lassen nun langsam das Wasser in Ihren Darm laufen; dabei atmen Sie tief. Versuchen Sie, das Wasser möglichst lange im Darm zu halten, bevor Sie den Darminhalt entleeren.

Ein *kühler Einlauf* ist hilfreich bei beginnender Blinddarmentzündung oder hohem Fieber; hier nimmt man jedoch höchstens ½ Liter Wasser.

Einläufe, bei Bedarf unterwegs auf Reisen durchgeführt, ersparen Ihnen lästige Stuhlprobleme.

Eine *Einlaufserie* besteht aus 6 bis 7 Einläufen pro Tag.

Wickel

So wirken Wickel

Die Wirkung von Wickeln beruht auf einer Steuerung der lokalen Hautdurchblutung. Diese führt zu Änderungen der Durchblutung der entsprechenden Organe, die dadurch eine Entkrampfung erfahren. Die Versorgung mit Sauerstoff wird verbessert, der Abtransport von Schadstoffen angeregt.

Heißer Bauchwickel

Bettruhe

So wird's gemacht: Füllen Sie eine Gummiwärmflasche mit heißem Wasser, aber nicht zu prall. Dann nehmen Sie ein baumwollenes Tuch in der Größe eines Küchenhandtuchs, feuchten dessen Mitte handtellergroß mit kaltem Wasser an und wringen es gut wieder aus. Legen Sie sich das feuchte Tuch auf den Bauch oder in die Lebergegend und darauf die Wärmflasche. Anschließend halten Sie – gut zugedeckt – Bettruhe ein. Am besten wirkt der Wickel eine Stunde vor der Mahlzeit.

Heißer Leibwickel mit Schafgarben- oder Kamillentee
(→ Seite 82 und 84)

Für diesen Wickel brauchen Sie: eine Hilfsperson; ein baumwollenes, saugfähiges Innentuch, etwas länger als der Leibumfang und nicht breiter als 25 cm; ein Außentuch aus Baumwolle, Wolle oder Frottierware, mindestens 5 cm breiter als das Innentuch und so lang, daß es sich gut übereinanderschlagen läßt; zwei Wärmflaschen.

Hilft bei Blähungen

So wird's gemacht: Der Patient soll in einem gut gelüfteten Zimmer liegen und die Blase, möglichst auch den Darm entleert haben. Das Innentuch wird mit Tee getränkt und so trocken wie möglich ausgewrungen. Der Patient setzt sich auf, das Außentuch wird der Breite nach im Bett unter dem Rücken des Patienten ausgebreitet, das getränkte Innentuch zur Prüfung der Temperatur am nackten Rücken des Patienten angelegt. Der Patient legt sich, die beiden Enden des Innentuchs werden glatt und ohne Falten über seinen Bauch geschlagen – vorher noch einmal die Temperaturverträglichkeit prüfen! Nun wird das Außentuch über das Innentuch geschlagen und straff befestigt. Anschließend deckt man den Patienten gut zu und legt eine Wärmflasche an seine Füße, die andere zum Warmhalten des Wickels auf seinen Bauch.

Der Wickel sollte etwa eine Stunde liegenbleiben, danach entfernt man rasch das feuchte Tuch und läßt den Patienten, in das Außentuch eingewickelt, noch eine halbe Stunde nachruhen.

Heißer Leberwickel mit Schafgarbentee

(Kompresse mit Außentuch wie beim heißen Leibwickel.)

So wird's gemacht: Die Kompresse wird mit dem Tee getränkt, gut ausgewrungen und möglichst heiß auf die Lebergegend gebracht und mit dem Außentuch straff befestigt.

Anwendungsdauer ½ bis 1 Stunde, nachruhen.

Heublumensack

Lindert den Schmerz und beruhigt

Der Heublumensack hat eine schmerzlindernde und zugleich beruhigende Wirkung. Heublumen sind ein Gemisch aus Blüten, Blättern und Samen verschiedener Wiesenblumen und in Apotheken erhältlich.

So wird's gemacht: Nähen Sie sich aus Leinen oder Baumwolle ein Säckchen in der Größe, wie Sie es gerne haben wollen. Dieses Säckchen füllen Sie mit Heublumen, bis es etwa 8 cm dick ist, und nähen es zu. Nun nehmen Sie einen Topf, füllen ihn halb mit kochendem Wasser und hängen das Heublumensäckchen in einem Sieb *über,* nicht in das Wasser, decken den Topf zu und erhitzen es so etwa 10 bis 15 Minuten im Wasserdampf.

Bevor Sie das Heublumensäckchen auflegen, prüfen Sie sorgfältig die Temperaturverträglichkeit auf der Haut – der Bauch ist sehr empfindlich! Mit einem Wolltuch, das Sie um den Leib wickeln, wird das Säckchen fest auf die entsprechende Stelle gepreßt.

Homöopathie und homöopathische Mittel

Ähnliches möge mit Ähnlichem geheilt werden

In der Homöopathie* vergleicht man, um die richtige Arznei zu finden, die Symptome einer Krankheit mit den Wirkungen der Substanz, die beim Gesunden ähnliche Krankheitserscheinungen hervorruft. Fundament der Homöopathie ist die Ähnlichkeitsregel: »Ähnliches möge mit Ähnlichem geheilt werden.« Arsenic beispielsweise verursacht beim Gesunden schwere choleraähnliche Durchfälle; als homöopathische Arznei zubereitet, ist es ein Mittel gegen schwere, choleraähnliche Durchfälle.

Um das richtige Medikament herauszufinden, müssen alle Krankheitszeichen, die charakteristisch, auffallend und für den Kranken als Person typisch sind, beachtet werden. Die Homöopathie wendet sich an den ganzen Menschen, deshalb ist sie gerade auch im psychosomatischen Bereich so wirkungsvoll.

Als Arzneisubstanzen werden Pflanzen, Mineralien und tierische Wirkstoffe verwendet. Heilmittel ist nun aber nicht die Substanz selbst, sie wird erst durch ihre besondere, der Homöopathie eigene Aufbereitung zur wirksamen Arznei: durch das Potenzieren. Üblicherweise wird die Potenzierung eines Mittels nach dem Dezimalsystem vorgenommen: 1 Teil der Ausgangssubstanz wird mit 9 Teilen der Lösungsflüssigkeit oder Lösungssubstanz verschüttelt oder verrieben, also nicht nur gemischt. Das ergibt die Potenzierung D 1 (D = Dezimal). 1 Teil D 1 mit 9 Teilen der Lösungsflüssigkeit oder -substanz verschüttelt oder verrieben, ergibt die Potenzierung D 2. Die vorhergehende Potenz ist also Ausgangssubstanz für die nächsthöhere. Eine mögliche Vorstellung von dem, was beim Potenzieren geschieht, ist die, daß die Information der Arzneimittelwirkung auf das Lösungsmittel übertragen wird. Diese Information beeinflußt den beim Patienten gestörten Regelkreis. Es ist deshalb mißverständlich, beim Herstellen der homöopathischen Arznei von Verdünnung zu sprechen. Die Bezeichnung Potenzieren oder Dyna-

* Aus dem Griechischen: *homoios* = ähnlich, *pathos* = das Leiden, die Krankheit.

Heilwirkung durch das Potenzieren

misieren trifft den Sachverhalt besser. Quantität in der homöopathischen Arznei finden zu wollen, würde an ihrer Qualität vorbeigehen. Beim Vorgang der Dynamisierung oder Potenzierung wird die Ausgangssubstanz also nicht verdünnt (mit dem Ergebnis einer verringerten Wirksamkeit), sondern in ihrer Wirksamkeit gesteigert.

Der Arzt Samuel Hahnemann (1755 bis 1843) hat diese Zusammenhänge in genialer Weise entdeckt; er hat an sich selbst Arzneimittelprüfungen vorgenommen.

Natürlich hat auch die Homöopathie ihre Grenzen. Sie kann ein zerstörtes Organ nicht wieder heil machen. Die Impulse, die sie im Körper gibt, müssen aufgenommen werden können. Bei sehr geschwächten Kranken ist das oft nicht mehr möglich. Andererseits können auch Lebensweise und Einstellung zur Krankheit einer Wirkung der Homöopathie entgegenstehen.

Komplexmittel sind homöopathische Arzneien, die nicht nur eine Arzneisubstanz enthalten, sondern aus mehreren verschiedenen Einzelsubstanzen zusammengesetzt sind. Es sind Arzneimittelkompositionen. Diese sollen einen Symptomenbereich abdecken, zum Beispiel Magenbeschwerden. Solche Mischungen werden entweder vom Arzt zusammengestellt, wobei das Rezept dem Apotheker zur Herstellung der Arznei übergeben wird; oder es sind Firmen, die solche Komplexmittel als Fertigpräparate anbieten.

Nosoden sind homöopathische Arzneien, die aus krankhaften Absonderungen des menschlichen Körpers, aus Bakterien oder Viren oder auch aus gesunden Organen hergestellt werden.

Individuelle Wirkung

Die in diesem Buch aufgeführten homöopathischen Mittel sind eine Auswahl, in einer mittleren Potenzstufe angegeben. Dies muß nicht heißen, daß sie im Einzelfall immer richtig gewählt ist.

Dosierung: Wenn nicht anders vermerkt, ist die Dosierung 3mal täglich eine Gabe vor dem Essen. Eine Gabe heißt: 7 Tropfen, 7 Kügelchen (Globuli) oder 1 Tablette. Die Arzneien wirken am besten, wenn man sie unverdünnt einnimmt und im Mund zergehen läßt.

Die Behandlung mit Heilpflanzen

Die Pflanzenheilkunde (Phytotherapie) besitzt ein jahrtausendealtes Wissen und eine ebenso lange Erfahrung; von alters her ist sie Grundlage und Quelle von Arzneien. Früher war eine Medizin ohne diese uns von der Natur zur Verfügung gestellten Heilmittel nicht vorstellbar.

Anwendung und Wirksamkeit im Magen-Darm-Bereich

Von milder Wirkung

Arzneimittel aus Heilpflanzen werden hergestellt aus einzelnen Pflanzenwirkstoffen. Wenn, wie in den Heilpflanzentees oder Auszügen, die ganze Pflanze verwendet wird, macht man sich zunutze, daß die Summe der einzelnen Stoffe eine besonders milde und ausgewogene Wirkung im menschlichen Organismus hervorruft. Man verwendet, frisch oder getrocknet, Blüten, Blätter, Wurzeln und Samen; von Sträuchern oder Bäumen auch Holz oder Rinde.

Daß sich Heilpflanzen für eine Anwendung im Magen-Darm-Bereich geradezu anbieten, ist klar: gelangen Sie doch beim Trinken oder Einnehmen unmittelbar an den Ort, an dem sie ihre Wirksamkeit entfalten sollen. Die Substanzen wirken aber nicht nur lokal, sie werden auch ins Blut aufgenommen.

Gewürzkräuter

Durch ihre reichen Geschmacksnuancen finden die Kräuter nicht nur für Heilzwecke, sondern auch für den täglichen Gebrauch Verwendung: als Tees oder als Gewürze in der Küche. An den häufig sehr bitteren Geschmack der Tees kann man sich gewöhnen.

Die Rezepte der empfohlenen Teemischungen stammen zum großen Teil von Apotheker Pahlow. *Alle Tees, die zur Therapie im Magen-Darm-Bereich verwendet werden, sollten ungesüßt getrunken werden.* Verwenden Sie bitte keine Fertigtees oder Teekonzentrate, denn hierfür werden Heilpflanzen chemischen Prozeduren unterworfen, die sich nicht günstig auswirken. Die Teedrogen bekommen Sie in der Apotheke.

Heilpflanzen, die vorwiegend Schleimstoffe enthalten

Schutz durch Schleimstoffe

Schleimstoffe umhüllen die entzündete oder geschädigte Schleimhaut mit einer Schutzschicht. Sie bewähren sich bei Entzündungen im Verdauungstrakt, vor allem bei Magenschleimhautentzündung (→ Seite 41).

Leinsamen: Der wichtigste Wirkstoff dieser Droge ist der Schleim. Eine Magenschleimhautentzündung behandelt man mit einem *Kaltwasserauszug* aus Leinsamen.

<u>Zubereitung und Anwendung:</u> Den Leinsamen – 1 Kaffeelöffel auf 1 Tasse Wasser – kalt ansetzen und 1 Stunde zugedeckt stehenlassen. Den Auszug (mit dem Samen) leicht angewärmt trinken.

Soll der Leinsamen seine Wirkung erst im Darm entfalten, muß er roh oder geschrotet eingenommen werden. Das Aufquellen des Leinsamens im Darm hat außerdem eine milde abführende Wirkung.

Isländisch Moos enthält bis zu 70 Prozent Schleim und wirkt beruhigend und reizmildernd auf die Schleimhäute.

<u>Tee-Zubereitung und Anwendung:</u> 2 gehäufte Kaffeelöffel der Droge mit ¼ Liter kaltem Wasser übergießen und langsam bis zum Kochen erhitzen, abseihen. 2mal täglich 1 Tasse Tee trinken.

Heilpflanzen, die vorwiegend Bitterstoffe enthalten

Anregung für Magen und Darm

Bitterstoffe – man schmeckt sie noch in einer Verdünnung von 1:50 000 – haben eine allgemein anregende Wirkung im Magen-Darm-Bereich. Sie fördern die Sekretion von Magensaft, sie hemmen Gärungsprozesse im Darm und üben einen besonders günstigen Einfluß auf die Funktion von Leber und Galle aus. Bitterstoffe wirken schon über die Mundschleimhaut und lösen allein dadurch eine vermehrte Sekretion der Verdauungssäfte aus. Bittertees sollen *vor* der Mahlzeit getrunken werden.

Enzian wirkt bei Störungen der Magenentleerung und bei Krampf- und Erschlaffungszuständen im Magen-Darm-Bereich. Er sollte nicht beim übersäuerten Magen angewendet werden, sondern nur, wenn der Magen schlaff ist und zuwenig Magensaft produziert. Enzian regt den Gallenfluß an. In der Heilkunde findet die Wurzel der Pflanze Verwendung.

Tee-Zubereitung und Anwendung: 1 Kaffeelöffel Enzianwurzel mit ¼ Liter Wasser kalt aufstellen und zum Kochen bringen; 5 Minuten kochen lassen, abgießen. *Vor* der Hauptmahlzeit lauwarm trinken.

Rezept für den Apotheker

Teemischung 1 bei Magenschmerzen:

Melissenblätter	20,0
Enzianwurzel	10,0
Kümmelfrüchte	5,0
Anisfrüchte	5,0

Zubereitung und Anwendung der Teemischung: 2 Kaffeelöffel der Mischung mit ¼ Liter kochendem Wasser übergießen, 10 Minuten ziehen lassen, abseihen. 1mal täglich schluckweise 1 Tasse Tee trinken.

Beim **Tausendgüldenkraut** sind vor allem Blüten und Stengel reich an Bitterstoffen, weniger die Blätter. Die Droge wirkt ebenfalls bei Magenschwäche mit ungenügender Magensaftsekretion. Sie hilft besonders gut bei Magenbrennen, aber auch die Wirkung auf den Darm ist sehr intensiv. Tausendgüldenkraut ist bei Appetitlosigkeit besonders zu empfehlen.

Tee- Zubereitung und Anwendung: 1 Kaffeelöffel des Krauts mit ¼ Liter kaltem Wasser übergießen, 6 bis 10 Stunden ziehen lassen, umrühren, abseihen. Vor den Mahlzeiten leicht angewärmt trinken.

Wermut enthält neben Bitterstoffen auch Gerbstoffe und ätherische Öle. Außer für den Magen ist er besonders bei Gallenstauungen und chronischen Gallenwegsentzündungen wirksam.

Tee-Zubereitung und Anwendung: 1 Kaffeelöffel frisches Kraut mit ¼ Liter kochendem Wasser übergießen, 10 Minuten ziehen lassen, abseihen. 3mal täglich 1 Tasse Tee trinken, und zwar: *vor* dem Essen, wenn die Wirksamkeit mehr im Magen erwünscht ist; *nach* dem Essen, wenn die Wirkung mehr im Gallebereich hervorgerufen werden soll. Zur Geschmacksverbesserung eignet sich:

Teemischung 2

Wermut	10,0
Tausendgüldenkraut	10,0
Pfefferminzblätter	10,0

Zubereitung und Anwendung der Teemischung: 1 gehäuften Kaffeelöffel der Mischung mit ¼ Liter kochendem Wasser aufgießen, 5 Minuten ziehen lassen, abseihen. 3mal täglich 1 Tasse Tee vor oder nach dem Essen trinken, je nach erwünschter Wirkung.

Altbewährt

Kalmus ist eine unserer ältesten Heilpflanzen. Seine Verwendung war schon im 7. Jahrhundert v. Chr. in Persien, China und Indien bekannt. An wirksamen Substanzen enthält Kalmus Bitterstoffe, Gerbstoffe und ätherische Öle. Er wird bei Appetitlosigkeit und zur Anregung der Magen-Darm- und der Gallenfunktion verwendet. Kalmus hat eine besonders günstige Wirkung bei vegetativen und psychischen Störungen.

Tee-Zubereitung und Anwendung: 2 Kaffeelöffel Kalmuswurzel mit ¼ Liter heißem (nicht kochendem!) Wasser übergießen, 15 Minuten ziehen lassen, abseihen. Morgens langsam 1 Tasse Tee auf nüchternen Magen trinken.

Kaltwasserauszug – Zubereitung und Anwendung: 1 Kaffeelöffel Kalmus mit 1 Tasse kaltem Wasser ansetzen und zugedeckt über Nacht stehenlassen. Abseihen, angewärmt nüchtern trinken.

Das Auskauen von Kalmuswurzelstückchen – mehrmals tagsüber – hat eine sehr heilsame Wirkung auf die Magenschleimhaut, eignet sich also besonders bei Magenschleimhautentzündung oder beim Magengeschwür.

Galletreibend

Die **Engelwurz,** bei der nur die Wurzel verwendet wird, enthält Bitterstoffe, Gerbstoffe und ätherische Öle als wirksame Substanzen. Sie ist ein Magenmittel mit desinfizierenden Eigenschaften im Darm und wirkt dadurch entblähend. Engelwurz fördert die Gallensekretion.

Tee-Zubereitung und Anwendung: 2 gehäufte Kaffeelöffel der Droge mit ¼ Liter kaltem Wasser zum Sieden bringen, 2 Minuten kochen lassen, abseihen. Täglich 2 bis 3 Tassen Tee trinken.

Die **Schafgarbe** enthält außer Bitterstoffen, ätherischen Ölen und Gerbstoffen auch Azulen wie die Kamille und wirkt deshalb krampfstillend und entzündungshemmend. Die Heilpflanze, deren Kraut und Blüten Verwendung finden, dient vor allem als Magen-Darm-Galle-Mittel und ist appetitanregend.

Tee-Zubereitung und Anwendung: 2 Kaffeelöffel Schafgarbenkraut mit ¼ Liter kochendem Wasser übergießen, zugedeckt 15 Minuten ziehen lassen, abgießen. Täglich 2 bis 3 Tassen Tee lauwarm trinken.

Teemischung 3 für Magen, Darm, Galle:

Schafgarbenkraut	30,0
Kamillenblüten	50,0
Pfefferminzblätter	50,0

Zubereitung und Anwendung der Teemischung: 2 Kaffeelöffel der Mischung mit ¼ Liter kochendem Wasser übergießen, 15 Minuten ziehen lassen, abgießen. 2- bis 3mal täglich 1 Tasse Tee *vor* dem Essen getrunken, betont die Wirksamkeit auf den Magen; *nach* dem Essen getrunken, entfaltet sich die Wirkung auf die Galle.

Heilpflanzen gegen Blähungen (Carminativa)

Als wirksame Substanzen enthalten diese Drogen ätherische Öle verschiedener Zusammensetzung.

Hilft auch dem Magen

Beim **Fenchel** beträgt der Gehalt an ätherischem Öl bis zu 6 Prozent. Er wird als Magentee und gegen Blähungen eingesetzt.

Tee-Zubereitung und Anwendung: 1 Kaffeelöffel zerdrückte Fenchelfrüchte mit ¼ Liter kochendem Wasser übergießen, 10 Minuten ziehen lassen, abgießen. Mehrmals täglich 1 Tasse Tee trinken.

Kümmel ist das wirksamste Carminativum.

Tee-Zubereitung und Anwendung: 1 gehäuften Kaffeelöffel zerdrückte Kümmelfrüchte mit ¼ Liter kochendem Wasser überbrühen, nach 10 Minuten abseihen. 3mal täglich 1 Tasse Tee gut warm trinken.

Kümmel wird auch als Gewürz verwendet.

Anis erhält seinen angenehmen Geschmack durch das ätherische Öl Anethol. Die entblähende Wirkung dieser Droge ist nicht so stark wie die des Fenchels und des Kümmels. Anis kräftigt den Magen.

Tee-Zubereitung und Anwendung: 1 gehäuften Kaffeelöffel zerstoßene Anisfrüchte mit ¼ Liter kochendem Wasser überbrühen, 10 Minuten ziehen lassen, abgießen. Mehrmals täglich 1 Tasse Tee trinken.

Anis dient ebenfalls als Gewürz.

Teemischung 4 bei Blähungen:

Kümmelfrüchte, zerstoßen	25,0
Anisfrüchte, zerstoßen	25,0
Fenchelfrüchte, zerstoßen	25,0

Zubereitung und Anwendung der Teemischung: 2 Kaffeelöffel der Mischung mit kochendem Wasser übergießen, 10 Minuten ziehen lassen, abseihen. Mehrmals täglich 1 Tasse Tee trinken.

Gewürzkräuter

Entblähend wirken außerdem die Gewürzkräuter Basilikum, Majoran, Thymian, Origanum (Dost) und Kardamom.

Heilpflanzen, die vorwiegend Gerbstoffe enthalten

Blutwurz (Tormentill) ist eine Gerbstoffdroge mit rotem Farbstoff, der das Bakterienwachstum hemmt. Die Heilpflanze findet Anwendung bei Durchfall.

Tee-Zubereitung und Anwendung: 2 Kaffeelöffel der Droge mit kaltem Wasser ansetzen, 15 Minuten kochen lassen, abgießen. 3mal täglich 1 Tasse Tee schluckweise trinken.

Teemischung 5 bei akutem Durchfall:

Blutwurz	20,0
Pfefferminzblätter	10,0
Kamillenblüten	10,0

Hilft bei Durchfall

Zubereitung und Anwendung der Teemischung: 2 Kaffeelöffel der Mischung mit ¼ Liter kaltem Wasser ansetzen, zum Sieden bringen, 10 Minuten ziehen lassen, abseihen. Täglich 2 bis 3 Tassen Tee trinken.

Die **Heidelbeere** wird in der Medizin wegen ihres Gerbstoffgehaltes eingesetzt. Man verwendet die getrockneten Beeren; sie enthalten ebenso wie die Blutwurz einen desinfizierenden roten Farbstoff.

Teemischung 6 bei Durchfall:

Heidelbeeren, getrocknet	20,0
Melissenblätter	10,0
Kamillenblüten	10,0

Zubereitung und Anwendung → Teemischung 5.

Zu den wirkungsvollsten Gerbstoffdrogen gehört die **Eichenrinde.** Sie wirkt zusammenziehend, entzündungshemmend und kräftigend. Innerlich, als Tee, findet sie Verwendung bei Durchfall, äußerlich, als Abkochung, bei Fissuren und Hämorrhoiden.

Zubereitung und Anwendung des Eichenrindentees: 2 Kaffeelöffel der Droge mit ¼ Liter kaltem Wasser ansetzen, 3 Minuten kochen lassen, abseihen. 2- bis 3mal täglich 1 Tasse Tee trinken.

Zubereitung und Anwendung der Eichenrindenabkochung: 500 g Eichenrinde auf 2 Liter Wasser kalt ansetzen und bis zur Hälfte der Flüssigkeitsmenge einkochen lassen, abseihen. Für Bäder rechnet man 2 Eßlöffel Eichenrindenabkochung auf 1 Liter Wasser.

Heilpflanzen mit mehrfacher Wirkung

Pfefferminze: Das bekannte Menthol ist neben Gerbstoffen und Bitterstoffen die wichtigste Wirksubstanz in der Minze. Die Droge wirkt sehr rasch bei Blähungen, bei Übelkeit, Brechreiz oder bei akutem Erbrechen. Die Pfefferminze ist in vielen Teemischungen für den Magen-Darm-Galle-Bereich enthalten.

Für Magen, Galle, Darm

Tee-Zubereitung und Anwendung: 1 gehäuften Eßlöffel Pfefferminzblätter mit ¼ Liter kochendem Wasser übergießen, 10 Minuten ziehen lassen, abgießen. Langsam schluckweise trinken.

Teemischung 7 bei krampfartigen Magenbeschwerden:

Pfefferminzblätter	20,0
Kamillenblüten	20,0
Schafgarbenkraut	10,0

Zubereitung und Anwendung der Teemischung: 2 Kaffeelöffel der Mischung mit ¼ Liter kochendem Wasser überbrühen, 10 Minuten ziehen lassen, abgießen. Bei Bedarf 1 Tasse Tee schluckweise trinken.

Besonders gut für den Magen

Die **Kamille,** von der nur die Blüten verwendet werden, ist eine der wichtigsten und am häufigsten gebrauchten Heilpflanzen. Das ätherische Öl der Kamille setzt sich aus vielerlei Bestandteilen zusammen. Man kann die Droge innerlich und äußerlich anwenden. Durch ihre beruhigenden und entzündungshemmenden Substanzen eignet sie sich ganz besonders als Magenmittel. Sie läßt sich gut mit Pfefferminze kombinieren, wenn die Galle bei Magenbeschwerden mit beteiligt ist, oder mit Melisse, wenn die Störungen mehr nervöser Art sind.

Tee-Zubereitung und Anwendung: 1 Kaffeelöffel Kamillenblüten mit 1 Tasse kochendem Wasser überbrühen, 10 Minuten ziehen lassen, abgießen. 3mal täglich 1 Tasse Tee (nicht zu warm) vor dem Essen trinken.

Teemischung 8 bei Verdauungsschwäche:

Kamillenblüten	10,0
Pfefferminzblätter	10,0
Enzianwurzel	5,0
Schafgarbenkraut	5,0
Tausendgüldenkraut	5,0

Zubereitung und Anwendung der Teemischung: 1 gehäuften Eßlöffel der Mischung mit ¼ Liter kochendem Wasser übergießen, 15 Minuten ziehen lassen, abgießen. Nach den Mahlzeiten 1 Tasse Tee trinken.

Beruhigt

Die **Melisse** wirkt in erster Linie beruhigend und wird deshalb vor allem bei nervösen Magenschmerzen eingesetzt. Sie hat auch eine leicht entblähende und krampflösende Wirkung. Wegen ihres angenehmen Geschmacks wird sie viel als Küchenkraut verwendet.

Tee-Zubereitung und Anwendung: 1 Kaffeelöffel Melissenblätter mit 1 Tasse kochendem Wasser überbrühen, 10 Minuten zugedeckt ziehen lassen, abgießen. 3mal täglich 1 Tasse Tee zwischen den Mahlzeiten trinken.

Teemischung 9 bei Übelkeit und Brechreiz mit oder ohne Magenschmerzen:

Pfefferminzblätter	20,0
Kamillenblüten	10,0
Melissenblätter	10,0
Anisfrüchte, zerstoßen	5,0

Zubereitung und Anwendung der Teemischung: 2 Kaffeelöffel der Mischung mit ¼ Liter kochendem Wasser übergießen, 10 Minuten ziehen lassen, abseihen. Täglich 1 Tasse Tee schluckweise trinken.

Wirkt krampflösend

Thymian hat eine krampflösende und desinfizierende, zusätzlich eine anregende Wirkung auf das Verdauungssystem. Man verwendet das Kraut und die Blüten dieser Heilpflanze.

Tee-Zubereitung und Anwendung: 1 gehäuften Kaffeelöffel Thymian mit ¼ Liter Wasser zum Kochen bringen und abseihen. 3mal täglich 1 Tasse Tee vor dem Essen trinken.

Teemischung 10 für den Magen:

Thymiankraut	20,0
Kümmelfrüchte	10,0
Pfefferminzblätter	10,0
Tausendgüldenkraut	10,0

Zubereitung und Anwendung der Teemischung: 2 Kaffeelöffel der Mischung mit ¼ Liter kochendem Wasser überbrühen, 10 Minuten ziehen lassen, abseihen. 3mal täglich 1 Tasse Tee mäßig warm vor dem Essen trinken.

Das **Gänsefingerkraut** (Anserine) zählt zu den Heilpflanzen mit Bitterstoffen, die angenehm schmecken. Die Droge enthält außerdem Gerbstoffe und wirkt besonders bei Magenbrennen und -krämpfen.

Tee-Zubereitung und Anwendung: 2 Kaffeelöffel Gänsefingerkraut mit ¼ Liter Wasser überbrühen, 10 Minuten ziehen lassen, abgießen. Bei Bedarf 1 Tasse Tee vor dem Essen trinken.

Regt den Stoffwechsel an

Die **Brennessel**, in der Volksmedizin vor allem als Blutreinigungstee eingesetzt, ist zudem ganz vorzüglich geeignet, den Stoffwechsel und die Leber-Galle-Funktion anzuregen. Sie ist das Bild des empfindlichen, reizbaren Menschen.

Teemischung 11 bei Magengeschwüren:

Brennesselblätter	20,0
Thymian	10,0
Spitzwegerich (enthält Schleimstoffe)	10,0
Wacholder	10,0

Zubereitung und Anwendung der Teemischung: 1 gehäuften Eßlöffel der Mischung mit ¼ Liter Wasser kalt ansetzen, zum Sieden bringen, 10 Minuten ziehen lassen, abseihen. Mehrmals am Tag 1 Tasse Tee trinken.

Hellt auch die Stimmung auf

Johanniskraut regt die Drüsen der Verdauungsorgane an und hat eine ausgesprochen antidepressive und das Vegetativum (→ Seite 18) günstig beeinflussende Wirkung.

Tee-Zubereitung und Anwendung: 2 Kaffeelöffel Johanniskraut mit ¼ Liter Wasser kalt ansetzen, zum Sieden bringen, 5 Minuten ziehen lassen, abgießen. 2 bis 3 Tassen Tee täglich trinken.

Johannisöl wird innerlich, bei nervösem Magen, angewendet. Sie können sich Johannisöl selbst herstellen.

Zubereitung und Anwendung von Johannisöl: Die frischen Blüten etwas zerquetschen und in ein verschließbares Glas füllen. So viel kaltgepreßtes Olivenöl darübergießen, bis die Blüten bedeckt sind. Dann das Glas verschließen, an die Sonne stellen und immer wieder schütteln. Hat das Öl nach etwa 6 Wochen eine leuchtendrote Farbe angenommen, abgießen und die Blüten auspressen. Mehrmals täglich 1 Kaffeelöffel voll einnehmen.

Hochwirksam bei Magenleiden

Weißkohl ist in der Volksmedizin schon seit langem in Gebrauch. Äußerlich findet er Anwendung bei schlecht heilenden Wunden, innerlich bei Magenleiden.

In einer in den USA durchgeführten Studie an Magenkranken wurde *Weißkohlsaft* als hochwirksamer Stoff bestätigt. Die hierbei wirksame Substanz nennt man Anti-Ulcus-Faktor.

Saft-Zubereitung und Anwendung: Die frischen Blätter des Weißkohls entsaften und insgesamt 1 Liter, über den Tag verteilt, nach dem Essen langsam trinken.

Heilpflanzentees für den täglichen Gebrauch

Zwischen den Mahlzeiten trinken

Die hier aufgeführten Tees sind keine speziellen Magen-Darm-Tees. Lindenblüten, Zitronenverbene, Holunderblüten, Zitronenmelisse ergeben sehr aromatische Tees und eignen sich wegen ihres Wohlgeschmacks für das stündliche Trinken zwischen den Mahlzeiten.

Tee-Zubereitung: Jeweils 2 Kaffeelöffel Tee mit ¼ Liter kochendem Wasser überbrühen, 5 Minuten ziehen lassen, abgießen.

Apfelschalentee-Zubereitung: 1 Handvoll Apfelschalen – auf ½ Liter Wasser – mit 1 Scheibe Zitrone und 1 Stück Ingwer aufkochen lassen, abseihen.

Malventee-Zubereitung: 2 Eßlöffel Malvenblüten – auf ½ Liter Wasser – mit 1 Scheibe Orange und 1 Vanilleschote aufkochen lassen, abseihen.

Teemischung 12 für den täglichen Gebrauch:

Birkenblätter	10,0
Fenchelfrüchte, zerstoßen	10,0
Hagebuttenfrüchte, mit Samen	10,0
Lindenblüten	10,0
Löwenzahnwurzel, mit Kraut	10,0
Melissenblätter	10,0
Pfefferminzblätter	10,0
Stiefmütterchenkraut	10,0

Zubereitung der Teemischung: 2 gehäufte Kaffeelöffel der Mischung mit ¼ Liter kochendem Wasser übergießen, 10 Minuten ziehen lassen, abseihen.

Teemischung 13 für den täglichen Gebrauch:

Holunderblüten	20,0
Brennesselblätter	20,0
Pomeranzenschalen	5,0

Zubereitung der Teemischung: 2 gehäufte Kaffeelöffel der Mischung mit ¼ Liter kochendem Wasser übergießen, 10 Minuten ziehen lassen, abseihen.

Naturgemäße Behandlungsmethoden durch den Arzt

Manuelle Bauchbehandlung nach Dr. F. X. Mayr

Diese Therapie gehört zu allen Darmreinigungskuren: zum Teefasten (→ Seite 63), zur Milch-Semmel- und zur milden Ableitungsdiät (→ Seite 66 und 67) und wird – möglichst jeden Tag – vom Arzt durchgeführt.

Möglichst jeden Tag

Dabei wird der Bauch mit weicher Hand betastet (nicht massiert!) und im Atemrhythmus bewegt. Das bewirkt

- eine vertiefte Atmung und, damit verbunden, eine bessere Sauerstoffversorgung,
- eine rhythmische Mitbewegung des Darms, wodurch Impulse auf die erschlafften Muskeln und Drüsen ausgeübt werden,
- eine erhöhte Blutzufuhr zum Darm und eine Verbesserung seiner Sauerstoffzufuhr,
- eine Verbesserung des venösen Rückstroms aus dem Beckenraum,
- eine Verbesserung des Blut- und Lymph-Rückstroms aus dem Bauchraum.

Fußreflexzonen-Massage

Reflexzonen sind Ausdruck einer Beziehung von innen nach außen und von außen nach innen. Sie finden sich in bestimmten Bereichen von Haut und Schleimhaut und sind Projektionsfelder für weiter entfernt liegende Organe. Entsprechende Punkte oder Zonen zeigen sich spürbar, oft auch sichtbar irritiert, wenn die ihnen zugehörigen Organe gestört sind.

Am menschlichen Körper gibt es eine ganze Reihe solcher, das Innere widerspiegelnde Bereiche: das Ohr, den Rücken, die Hand, um nur einige zu nennen. Von hier aus lassen sich die entsprechenden Organe durch bestimmte Reize beeinflussen.

Altbewährtes wiederentdeckt

Die Reflexzonenbehandlung am Fuß ist eine Methode, die wahrscheinlich sehr alt ist und in Indien und China schon vor vier- bis fünftausend Jahren angewandt wurde. Ihre Wiederentdeckung und Weiterentwicklung in neuerer Zeit verdanken wir einem amerikanischen Arzt namens William Fitzgerald und hier in Deutschland Frau Johanna Marquardt.

Das Vorstellungsbild für die Projektion der Organe am Fuß ist der sitzende Mensch. Dabei entspricht die Großzehe dem Kopf, der Innenrand der Fußsohle dem Rücken und der Wirbelsäule und die Ferse dem Becken. Die Bauchorgane »haben ihren Platz« im Bereich der Fußwurzelknochen und sind am besten von der Fußsohle her zugänglich. Magen, Leber und Bauchspeicheldrüse »liegen« im Bereich der Mittelfußknochen, der Darmausgang an der Knöchelinnenseite. Organe der rechten Körperhälfte finden ihre Entsprechung im rechten, die der linken Körperhälfte im linken Fuß, paarig angelegte Organe an beiden Füßen. In der Körpermitte befindliche Organe projizieren sich beidseits an die Fußinnenseite.

Die Behandlung bedarf einer besonderen Technik; es ist daher ratsam, seine Füße nur speziell dafür ausgebildeten Fachkräften anzuvertrauen.

Generell kann man sagen, daß Stellen, die weh tun, behandlungsbedürftig sind. Und es kann sehr weh tun!

Neuraltherapie

Oft schlagartige Besserung

Durch die Neuraltherapie werden die Selbstheilungskräfte des Körpers wirkungsvoll unterstützt. Mit Hilfe dieser Therapie kann oft ein schlagartiges Verschwinden von Beschwerden und Krankheitszuständen erreicht werden.

Der Arzt Ferdinand Huneke (1891 bis 1966), Begründer der Neuraltherapie, hat als erster dieses Sekundenphänomen beobachtet: Eine Frau kam mit einer schweren Schultergelenksarthritis in die Sprechstunde. Der erste Behandlungsversuch blieb ohne jeglichen Erfolg. Als die Patientin nach einigen Wochen wiederkam, weil sich ihre alte Osteomyelitisnarbe (Osteomyelitis = Knochenmarkentzündung) am linken Unterschenkel entzündet hatte, unterspritzte Huneke diese Narbe mit Impletol, einem örtlich wirkenden Betäubungsmittel. Was geschah? Durch die Behandlung am Unterschenkel waren die Schulterschmerzen plötzlich verschwunden, und zwar anhaltend.

Suche nach Störfeldern

Huneke hat den Vorfall so gedeutet: Störzonen können Ursachen für Krankheiten sein, die auch an entfernter liegenden Körperstellen oder Organen auftreten. Solche Störzonen müssen nicht unbedingt Narben sein, jede andere Körperstelle kann ebenso ein Störfeld sein, man muß sie nur finden!

Eine weitere Methode der Neuraltherapie ist die *Heilanästhesie,* die örtliche Betäubung bestimmter Körperregionen zur Linderung rheumatischer und neuralgischer Schmerzen. Das Medikament setzt einen Heilreiz.

Neue Erkenntnisse der Schmerzforschung zeigen, daß Impulse nicht nur über Nervenbahnen geleitet werden, sondern ganz wesentlich über Gewebshormone. Diese neurohumorale Regulation findet im weichen Bindegewebe statt, das alle Körperzellen umgibt. Hier enden Blutgefäße und vegetative Nerven. Nach Pischinger, der wichtige Erkenntnisse über dieses Grundsystem erarbeitet hat, wirkt sich jeder Impuls, der in dieses System hineingetragen wird, auf vegetative Funktionen aus.

Die Neuraltherapie wirkt über dieses Grundsystem. Sie ist in der Lage, mit einem völlig unschädlichen Mittel, zum Beispiel Scandicain, Procain, Impletol (= Procain und Coffein) Regulationsstörungen wieder ins Lot zu bringen.

Behandlung einer gestörten Darmflora

Der Darm – »Wiege« des Abwehrsystems

Es ist wenig bekannt, wie viele gesundheitliche Störungen auf eine fehlende oder gestörte Darmflora (→ Seite 14) zurückzuführen sind. Dabei muß auch berücksichtigt werden, daß die Darmbakterien mit zunehmendem Alter an Menge und Qualität abnehmen.

Um eine erfolgreiche Therapie der Darmflora durchzuführen, bedarf es einiger Erfahrung auf diesem Gebiet. Es genügt zum Beispiel nicht, lediglich Darmbakterien zu verschreiben und deren Einnahme anzuordnen; meist ist das Darmmilieu ja nicht in Ordnung. Es müssen also

Bemühungen in den Vordergrund gestellt werden, die den Bakterien Lebensbedingungen verschaffen, die ihnen ein Überleben ermöglichen. Sonst würden sie einfach wieder ausgeschieden.

Alle Darmstörungen können dazu angetan sein, die Bakterien zu vertreiben. Deshalb ist es so wichtig, sich um einen gesünderen Darm zu kümmern. Während der Einnahme von Darmbakterien sollten alle raffinierten Kohlenhydrate, also Fabrikzucker und Auszugsmehle, gemieden werden. Milchsaure Produkte wie Sauerkraut, Dickmilch oder Kefir wirken sich dagegen günstig auf die Darmflora aus.

Bakterienkulturen

Für die Herstellung der Kulturen gibt es verschiedene Möglichkeiten: Zum einen Labors, die nach einer individuellen Stuhluntersuchung Bakterienkulturen entsprechend zusammenstellen, beispielsweise das Labor Dres. Schuler in Starnberg. Zum anderen den Arbeitskreis für Mikrobiologische Therapie e. V., der sowohl industriemäßig Bakterienkulturen als auch nach individuellem Stuhlbefund Autovakzine, also Eigenimpfstoffe, herstellt.

Fertigpräparate

Gute Erfahrungen habe ich auch mit den Fertigpräparaten Acidophilus Jura, Eugalan Töpfer forte, Mutaflor, Colibiogen, Perenterol gemacht. Das Präparat SULFredox schafft einen Säure-Basen-Ausgleich im Darm, der sich sehr günstig auf das Darmmilieu auswirkt.

Krankheiten, bei denen eine Behandlung mit Darmbakterien sinnvoll ist: Verstopfung (→ Seite 32), Durchfall (→ Seite 25), Overgrowth-Syndrom, chronische Blinddarmentzündung (→ Seite 48), chronische Bauchspeicheldrüsenentzündung (→ Seite 46), Colitis (→ Seite 29), Morbus Crohn (→ Seite 29), chronische Dünndarmentzündung (→ überforderter Darm, Seite 38), akute und chronische Infektionen des Nasen-Rachen-Raumes und der Bronchien, Stirnhöhlen-Probleme, Parodontose, Harnwegsinfektionen.

Eine Behandlung mit Bakterienkulturen dauert mindestens ein halbes Jahr und sollte unter sorgfältiger Beachtung der Ernährung durchgeführt werden.

Psychotherapie

Die Bemühungen der Psychotherapie konzentrieren sich darauf, unbewußt ablaufende Verhaltensmuster, die zu Problemen führen, dem Bewußtsein zugänglich zu machen.

Scheuen Sie sich nicht, Hilfe zu suchen

Dabei wird es möglich, kindliche Verhaltensweisen, in denen wir steckengeblieben sind, aufzulösen. Durch die Unterstützung des Therapeuten und die Vielfalt an Möglichkeiten, über die wir als Erwachsene verfügen, können alteingefahrene Konzepte überflüssig und neue eingeübt werden. Es wird ein Heilungsprozeß in Gang gesetzt, der dazu beitragen kann, solche Bereiche unserer Persönlichkeit zu aktivieren, die wir bisher vernachlässigt haben oder die uns gar nicht bekannt waren.

So kann beispielsweise jemand lernen zu erkennen, daß sein Hunger nach Süßigkeiten eigentlich einem anderen Hunger entspricht, möglicherweise dem Hunger nach Nähe oder Geborgenheit. Wenn er früher als Säugling nur »abgespeist« wurde, kann er nun als eigenständige Person selbst dafür sorgen, daß seine emotionalen Bedürfnisse befriedigt werden.

Empfehlungen für einen naturgemäßen Lebensrhythmus

Beim Gesundbleiben oder -werden geht es darum, Lebensvorgänge und Lebensrhythmen zu beachten. Das klingt sehr einfach, und wir meinen, daß sich dies von selbst regle. Dem ist aber nicht so. Wir sind zu vielen äußeren Einflüssen und inneren Zwängen ausgesetzt, die uns, oft unbemerkt, in ihrem Bann halten. Wir sollten uns dies einmal bewußt machen und uns fragen: »Wie gehe ich mit mir selbst um?«

Lebensvorgänge sind Bewegungen, oft rhythmische Bewegungen – so der Herzschlag, das Ein- und Ausatmen, Wachen und Schlafen, Hunger und Sättigung, Aktivität und Erholung. Je mehr wir willentlich Einfluß nehmen können, desto mehr glauben wir, diesen Gesetzen nicht mehr unterworfen zu sein, desto mehr »vergewaltigen« wir uns.

Durch äußere zu innerer Ordnung

Im Kapitel über *Ernährung* (→ Seite 54) wurde bereits ausführlich über die positiven Seiten regelmäßig eingenommener Mahlzeiten gesprochen. Äußere Ordnung erleichtert innere Ordnung; oder anders ausgedrückt: Die innere Ordnung wird durch eine äußere unterstützt. Wenn Sie Ihre Mahlzeiten regelmäßig einnehmen, ist das Essen keine Belastung für den Organismus, keine Anstrengung. Regelmäßigkeit kann dazu beitragen, Heilungsvorgänge zu bahnen. Das kommt nicht nur dem Verdauungssystem zugute, sondern allen Bereichen des Körpers.

Gesundschlafen

Auch im Rhythmus von Schlafen und Wachen ist ein wichtiges Prinzip angesprochen. Wie oft machen wir die Nacht zum Tage, wie oft putschen wir uns mit Kaffee oder Tee auf und mißachten, daß unser Körper der Ruhe bedarf. Wir haben die Möglichkeit, uns im Schlaf zu regenerieren, uns »gesund zu schlafen«. Dabei ist es nicht gleichgültig, zu welcher Zeit wir schlafen. Der Schlaf *vor* Mitternacht ist zweifellos der erholsamste, ist der Schlaf, der uns das Gefühl gibt, wirklich ausgeschlafen zu sein. Es ist bekannt, daß Schichtarbeiter wesentlich häufiger erkranken als Menschen, die in einem normalen Tagesablauf arbeiten. Die Tätigkeit unserer Organe, auch unserer Hormondrüsen, ist völlig auf den Tag-Nacht-Rhythmus ausgerichtet. Man nennt das Biorhythmus.

Ich empfehle in diesem Buch häufig Bettruhe, weil ich sie für einen der wirksamsten Heilfaktoren halte. August Bier (1861 bis 1949), ein Befürworter von Homöopathie und Naturheilmethoden, sagt: »Ruhe ist das wahrhaft große Naturheilmittel.« – Nehmen Sie sich die Zeit, krank zu sein und gesund zu werden. Wenden Sie sich den Bedürfnissen Ihres Körpers zu. Verlangen Sie von sich keine Leistung, und genießen Sie es, soweit es Ihre Krankheit erlaubt, einmal aus dem täglichen Getriebe herausgenommen zu sein. Schöpfen Sie alle Möglichkeiten aus zu erfahren, was Ihnen dieses Kranksein zu sagen hat.

Was macht Sie ruhelos?

Und wie sieht sonst unser Tag aus? Wir leben vielfach sehr hektisch. Wir meinen, unser Pensum nicht ohne Hetze schaffen zu können. Stimmt das wirklich? Stopfen wir uns nicht immer mehr in den Tag, je schneller wir alles erledigt haben? Ist oft nicht auch die freie Zeit von Geschäftigkeit und Unruhe erfüllt? Lassen Sie sich einmal darüber nachdenken, ob es wirklich nur die äußeren Umstände sind, die Sie so ruhelos machen. Vielleicht erinnern Sie sich, wie Sie als Kind nur einfach dagesessen sind, geschaut und geträumt haben. Haben Sie das so jemals wieder getan? Wo ist dieses Bedürfnis nach dem »Bei-sich-Sein« geblieben? Wir vergessen uns ganz einfach. Und dann wundern wir uns, wenn unser Körper Schmerzsignale gibt – Gott sei Dank tut er das.

Lassen Sie sich doch wieder von diesem kindlichen Bedürfnis nach dem einfach Da-sein-Dürfen anstecken. Halten Sie inne, um zu spüren: Das bin ich in diesem Moment. So sitze oder stehe ich. Sie respektieren sich damit als Mensch, der nicht nur zu funktionieren hat. Sie schaffen sich dadurch kleine Tore nach innen. Entspannungsübungen, Atemübungen oder das autogene Training sind etwas anspruchsvoller, was den Zeitaufwand anbelangt. Dafür müssen Sie sich »Zeit nehmen« (was für ein Ausdruck!). Sie werden aber sehr bald merken, wieviel von der Zeit für solche Tätigkeiten gut verwendete Zeit ist. Sie nähren Ihr Vegetativum und gewinnen dadurch mehr Elan für Ihre Aktivitäten nach außen.

Sorgen Sie für sich selbst?

Zuwendungen für uns selbst sind häufig verbunden mit einem Anflug von schlechtem Gewissen, egoistisch zu sein oder Zeit zu verschwenden. Wer aber könnte in dieser Weise für uns sorgen, wenn nicht wir selbst? Wer könnte die Verantwortung für unsere Gesundheit übernehmen, wenn nicht wir selbst?

Wenn wir bemerken, daß wir jegliches Bedürfnis nach Ruhe und Entspannung überspielen, oder uns dabei ertappen, daß wir uns pausenlos von Radio und Fernsehen berieseln lassen, daß wir uns mit Arbeit (Arbeit ist nach neueren Forschungen ein Suchtmittel ersten Ranges!), mit zu viel Essen oder Alkohol, womöglich auch mit Medikamenten wie Tranquilizern oder Schlafmitteln betäuben, sollten wir innehalten . . .

Innehalten – hinhören

Vielleicht übertönen wir damit Bedürfnisse, die sich ganz vehement anmelden, vielleicht halten wir etwas zurück, was wir ausdrücken möchten, vielleicht unterdrücken wir das, was in uns leben möchte. Wir fühlen uns zwar nicht krank, aber auch nicht gesund. Hier sollten wir uns erlauben, näher hinzuhören.

Die Meinung, »man müsse mit seinen Problemen allein zurechtkommen«, ist weit verbreitet. Allzuoft wird es als erniedrigend empfunden, um Hilfe zu bitten. Und wenn jemand gar zum Therapeuten geht, wird er ebenso leichtfertig wie schnell für »nicht mehr ganz normal« gehalten. Wieviel Isolation wird durch solche Einstellungen geschaffen! Dabei ist nichts naheliegender, als sich an jemanden zu wenden, der zuhört.

Sie dürfen, Sie sollen freundlich mit sich umgehen!

Ein weiterer Rhythmus in unserem Leben, dem wir uns zuwenden sollten, ist der Wechsel von Ruhe und Bewegung.

Merkwürdig, daß aus bewegungshungrigen Kindern so bewegungsfeindliche Erwachsene werden. Die Freude, der Spaß an Bewegung scheinen in Vergessenheit geraten. Wir sollten sie wieder für uns entdekken, dabei aber vermeiden, daß der Spaß zum Leistungszwang wird.

Sie tragen den Ratgeber in sich selbst!

Letztlich tragen wir den Ratgeber in uns selbst. Niemand kann uns genau sagen, wieviel wovon nun gut für uns ist. *Nehmen wir das wahr,* was wir in uns spüren, und gehen wir den wirklichen Bedürfnissen in uns nach. Was hat das alles mit Magen-Darm-Beschwerden zu tun?

Es ist nicht nur dieses Magen-Darm-System, das gestört ist. Wir sind als Menschen krank. Sofern wir uns bemühen, als Menschen gesünder zu werden, werden es auch unsere Verdauungsorgane.

Zum Nachschlagen

Beschwerden- und Sachregister

Bücher, die weiterhelfen

Bruker, M. O., *Unsere Nahrung, unser Schicksal;* Verlag für Ernährung, Medizin und Umwelt, Lahnstein.
Buchinger, Otto, *Das Heilfasten;* Hippokrates Verlag, Stuttgart.
Dethlefsen, Thorwald, Dahlke, Rüdiger, *Krankheit als Weg;* C. Bertelsmann Verlag, München.
Dürckheim, Karlfried Graf, *Der Alltag als Übung;* Verlag Hans Huber, Bern/Stuttgart/Wien.
Dürckheim, Karlfried Graf, *Hara;* Otto Wilhelm Barth Verlag, Weilheim, Obb.
Eichborn, Benita von, *Gemüse aus der Vollwertküche;* Gräfe und Unzer Verlag, München.
Das-Ingrid-Früchtel-Vollkorn-Kochbuch; Gräfe und Unzer Verlag, München.
Gross, Dr. Erwin, *Heilatmung für jeden;* Gräfe und Unzer Verlag, München.
Jacoby, Heinrich, *Jenseits von »Begabt« und »Unbegabt«;* Christians Verlag, Hamburg.
Kurz, Marey, *Vollwertküche – schnell und leicht;* Gräfe und Unzer Verlag, München.
Kollath, Prof. W., *Die Ordnung unserer Nahrung;* Karl F. Haug Verlag, Heidelberg.
Langen, Prof. Dr. Dietrich, *Autogenes Training für jeden;* Gräfe und Unzer Verlag, München.
Lowen, Alexander, *Der Verrat am Körper;* Rowohlt Verlag, Reinbek bei Hamburg.
Mayr, Dr. Franz Xaver, *Darmträgheit;* Verlag Neues Leben, Bad Goisern.
Mayr, Peter, *Leicht bekömmliche biologische Küche;* Karl F. Haug Verlag, Heidelberg.
Münzing-Ruef, Ingeborg, *So heilt natürliche Nahrung;* Wilhelm Heyne Verlag, München.
Pahlow, Mannfried, *Das große Buch der Heilpflanzen;* Gräfe und Unzer Verlag, München.
Pahlow, Mannfried, *Meine Heilpflanzen-Tees;* Gräfe und Unzer Verlag, München.
Rauch, Dr. Erich, *Die Darmreinigung nach Dr. med. F. X. Mayr;* Karl F. Haug Verlag, Heidelberg.
Rauch, Dr. Erich, *Milde Ableitungsdiät;* Karl F. Haug Verlag, Heidelberg.
Reckeweg, Dr. Hans-Heinrich, *Schweinefleisch und Gesundheit;* Aurelia Verlag, Baden-Baden.
Yoga für alle Lebensstufen – in Bildern; herausgegeben vom Sivananda Yoga Zentrum. Gräfe und Unzer Verlag, München.
Zebroff, Kareen, *Joga für jeden;* Econ Verlag, Düsseldorf.